OREN KLAFF

PITCH
ANYTHING

说服的艺术

[美]奥伦·克拉夫 著

李佳蔚 译

湖南文艺出版社
HUNAN LITERATURE AND ART PUBLISHING HOUSE

博集天卷
CS-BOOKY

献给父亲，

是您给我指明了方向。

PITCH
ANYTHING

|目录|
CONTENTS

在我和鳄鱼脑打交道的过程中，我顿悟了推销的真谛。我明白了两个非常重要的事实。

第一，我终于明白了我们在推销时的根本问题所在：我们用高度进化的新皮层来做推销工作，新皮层里尽是些细节和抽象概念，而接收我们推销信息的却是鳄鱼脑，它对所有这些东西都避之不及，只喜欢简单、明确、直接、没有威胁性的事物。

第二，我逐渐意识到，每当我推销得比较顺利的时候，我都不经意地遵循了上面提到的5条规则：我让鳄鱼脑感觉到安全，给它传达的是清晰、直观、新奇的信息，没有让它消耗太多脑力。

运用框架导向的推销方法，一大好处就是不需要太多技巧、策略或流畅的交流。事实上，你很快就会发现，你的话越少，效率反而越高。

请记住，适度地运用拒绝、反抗和小幽默，能够有力地维护你的框架，巩固你的更高地位。幽默很重要，请不要忘记这一点，不然我保证你会有意想不到的麻烦。

不管你的论证有多严密，观点有多精妙，逻辑有多清晰，如果你的地位不高，你就无法让别人集中注意力听你宣讲的内容。如果你的说服力不够，你的推销就很难成功。

从属角色陷阱很隐蔽，却是一种颇具威力的社交惯例。它会把你打进地位低下者的行列，让你难以翻身，在社交中永远屈居人下。你在大多数商务会面地点都会遇到从属角色陷阱，比如前台接待处、大堂、会议室，甚至很多办公场所附近的会面空间。

介绍你的想法不需要花15分钟，1分钟就够了，你不必解释细节。虽然我知道你会很冲动，毕竟这是人的本能。人们首先会做自我介绍，然后就埋头介绍细节。其实我也有同样的冲动，因为这个时机似乎不可错失。但现在确实不是讨论细节的时候，你的目标对象还没决定为你的创意砸钱呢。

目标对象把时间交付给你，是因为他们想在不一样的领域学习新知识和新思路，认识各种见解独特、风趣幽默、有才华的人。

在了解你会如何走出困境之前，没有人会想和你做生意。告诉别人"我是个好人"是没有用的。这是一个毫无价值的陈述，因为你没有任何故事来证明它。

直截了当地说，渴求感就等于软弱性。寻求别人的认可，暴露自己的弱点，往往就是在走向死路。这听起来可能有些刺耳，却是事实。

即使是在最常见的社交环境中，我们也会陷入渴求感的陷阱，所以你必须时刻注意自己，不要显露出渴求感——这将会严重削弱你的地位和框架力量。

我的所有合作伙伴都了解我，为了做成一笔交易，我愿意随时随地动身出发。如果航班取消，我就开车；如果没有汽车，我就坐公交车。

就像微积分能让人解决数学问题，或是土木工程技术能让人建造桥梁一样，我的"STRONG"方法可以帮人推销，特别是在风险很高的情况下，它确实能发挥实质性的作用。

用我的方法，你实际上是在将鳄鱼脑引入一个游戏，你是在邀请对方和你一起参与游戏。对参与进来的人来说，这个游戏非常新奇而有趣，因为它确实是这样的。

成为框架控制高手能让你更加放松心态，也能让别人将你视为一个明智而可信任的领导者。即便那时你没有刻意使用框架控制，在别人眼里，你的社交价值也是更高的。

第一章
独特的研究方法

在我和鳄鱼脑打交道的过程中，我顿悟了推销的真谛。我明白了两个非常重要的事实。

第一，我终于明白了我们在推销时的根本问题所在：我们用高度进化的新皮层来做推销工作，新皮层里尽是些细节和抽象概念，而接收我们推销信息的却是鳄鱼脑，它对所有这些东西都避之不及，只喜欢简单、明确、直接、没有威胁性的事物。

第二，我逐渐意识到，每当我推销得比较顺利的时候，我都不经意地遵循了上面提到的5条规则：我让鳄鱼脑感觉到安全，给它传达的是清晰、直观、新奇的信息，没有让它消耗太多脑力。

PITCH
ANYTHING

我用这样一句话来阐述这本书的核心理念：我们推销的方式，从根本上就脱节于听众接收信息的方式。因而，在非常需要有说服力的时候，我们十有八九都没有。那些重要的信息，被听众接收的概率极为低下。

因此，你得了解为什么会出现这种脱节，从而克服这个难题，成功推销，拿到提成。这本书会告诉你该怎么做。

推销之能无天生

我靠推销养家糊口。我的工作是帮助快速扩张或上市的公司筹集资金。我很擅长做这份工作，当公司需要资金时，我就能为其筹集到资金。我已为万豪（Marriott）、好时（Hershey's）、花旗集团（Citigroup）和其他许多家喻户晓的公司筹集了数百万美元，并且我现在仍以每周200万美元的筹资速度做着这份工作。从表面上看，我成功的原因似乎很简单：我为有钱的投资人提供华尔街银行参与的高利润交易。虽然很多人都在做这件事，但我筹到的钱远比他们多。我们在同一个市场里竞争，做同样类型的交易，用同一套事实和数据作为说辞。但从数据上看，我一直做得很出色。我和他们之间的区别并不在于运气好坏，我也没有什么特别的天赋，而且我也没有销售方面的背景，我有的只是一套好方法。

事实证明，推销这项商业技巧在很大程度上取决于使用的方法，而不是努力程度。方法好，就赚钱；方法越好，就越赚钱。对你来说，也是一样。你对宣扬自己的立场越在行，你就越容易成功。也许你的目的是向投资人推销一个想法，说服客户选择你而非其他人，甚至是向老板陈述你应被提薪的理由。本书里有5种方法，能够帮你更好地应对我所说的以上情况。

向宇宙强者做推销

多年来，我一直在向当今不少标志性商界人士做推销，并与他们成功达成了交易，其中包括雅虎、谷歌和高通（Qualcomm）的元老级人物。但要讲述我的故事，就不得不提起我向另一个人做推销的经历，他可是被汤姆·沃尔夫（Tom Wolfe）[1]称为"宇宙强者"的人。

"乔纳森"（不是约翰尼，也不是约翰）是一位控制着巨额资本的投资银行家。他一年能投资600～800个项目，算下来便是每个工作日3～4个项目。他的不少数百万美元级的投资决策，都是根据他黑莓手机上寥寥几封往来邮件做出的。

作为交易促成者，这个人——我绝对不打算告诉你他的名字，他任何

---

[1]　美国当代评论家、作家，被誉为"新新闻主义之父"，在美国新闻界和文学界具有举足轻重的地位。——编者注（若无特殊说明，本书注释均为编者注。）

时候都可能会起诉别人，无论是谁——非常不好对付。

关于乔纳森，你得知道和他有关的三件事。第一，他是个数学天才，可以靠心算算出收益率。他不需要看数据表格，就可以立即明白你向他推销的项目情况如何。第二，他见过10,000多笔交易，所以无论掩饰得多好，他都能发现其中的所有瑕疵或漏洞。第三，他说话强硬，但同时又机智而富有魅力。结果就是这样：当他向你推销的时候，他成功的机会很大；当你向他推销的时候，你成功的机会却很小。但如果你想在风险投资领域获得重视，你就需要和此人搭上关系。因此，几年前，当我为一家软件公司筹集资金时，我就向乔纳森和他的投资团队进行推销了。考虑到他们名声在外，我知道，如果我让乔纳森加入，那么再从其他仍未做决定的投资人那里融资就会容易得多。这些投资人会想："既然乔纳森都同意了，那我也同意吧。"但是，乔纳森知道他的支持意味着什么，所以他不会让我轻易得逞。

从我向乔纳森推销的一开始起，他就把事情搞得很复杂。可能他是为了调节一下，也可能他这天心情不好，很明显，他想要持续掌控整个对话过程。然而，我一开始并没有意识到这一点，所以我开始像往常那样建立推销的对话框架（框架能为投资需求提供背景和相关性，掌握框架的人通常能够掌控对话）。我把我会涉及以及不会涉及的内容都解释给乔纳森了，但他立刻给了我一种抵抗反应——"框架解构"。这名字真是起得恰当，意思就是反制对话框架。

比如，当我说"我们预计明年的收入是1000万美元"时，他打断我，并改变了对话框架的思路："我不在乎你编造的收入预测，你告诉我预算是多少吧。"

1分钟后，我向他解释道："我们的优势是一种非常先进的技术。"

他说："不，这不是优势，它像家常便饭一样普通。"

我知道这时候不应该对这样的评论做出回应，所以我按照自己的思路继续往下说。

"我们有一个大客户，是全球财富50强的企业。"

他又打断我说："朋友，9分钟之后我就要走了，你能直奔主题吗？"

他真的把我们之间的这次对话变得异常艰辛。你可以想象，我想沿用以往的推销技巧是多么困难：建立框架，讲述故事，点出亮点，持续吸引，设定锚点，最后达成交易。

上述这套方法是我总结出来的（你很快就会学到了）。

我原本预期这将是我表现最好的一次推销，但在对话开始12分钟后，各种事实证明，这是我表现最差的一次推销。

你可以设身处地地想想：对话仅进行了12分钟，你就被告知你的优势像家常便饭一样普通，你的预测只是编造的数字，并且你仅剩9分钟时间来阐述你的观点。

我面临着许多演讲者都曾遇到过的问题：你对自己要表达的主题非常了解，可以清楚地表达关键所在，可以把演讲的整个过程组织得很好，甚至还可以表现得非常有激情。你可以把所有这些事情都做得很好，但你的感染力仍然有限，不能令人完全信服。因为一场好的演讲不是走流程，而是要吸引和保持听众的注意力。这意味着你必须建立对话框架来控制听众的注意力，并且用有趣的亮点来调动他们的情绪，然后迅速地定下锚点。（我们稍后会展开讲解后面两项细节。）

　　在乔纳森持续打断我的同时，我意识到我要回到自己的对话节奏中。于是我使劲咽了一下口水，希望自己的紧张没有表现出来。我重新回到这次推销上，把注意力集中在我的三个最终目标上。我决定，要是他再解构我的框架，我就努力重构；要是他看上去意兴阑珊，我就抛出一个亮点（很短但非常抓眼球的信息，足够引起人们的好奇心）——"顺便说一下，某位职业橄榄球大联盟的四分卫也是我们的投资人之一"。最后，我终于把他带到了锚点上，也就是对话过程中听众参与度最高的地方。这时候就不是我给他们提供信息，而是他们主动问我想知道的问题了。在这个锚点上，他们不仅会感兴趣，还会做出要参与进来的决策。

　　在第21分钟时，我的推销结束了。我知道乔纳森被我深深地吸引住了。他往前倾了倾身子，低声跟我说："我们先不谈生意。你刚刚讲的都是什么东西？除了我，没人会这样推销的。"

　　我尽量不露声色地说："一般来说，这叫作神经金融学，是一个结合了经济学和神经科学（研究大脑运作原理）的概念。我不过是把它进一步分解成了5个部分。"（也就是我们在上面谈到的方法。）

　　尽管乔纳森拥有门萨俱乐部[1]准入级别的过人智商，但他对神经科学这样的概念并不感兴趣。他——也许和你一样——一直认为推销能力是一种天赋。但在看到我之前21分钟的表现后，他的想法改变了。很明显，我的推销技巧是后天习得的，我不像他一样拥有赤裸裸的天赋。

　　"你可以一直保持这种状态？"他问道。

　　"可以啊，"我说道，"关于大脑如何接受新思想的研究为这套方法

---

　　[1]　世界顶级高智商人群俱乐部，于1946年成立于英国牛津。

提供了基础，我用这套方法成功筹集了不少钱。"

乔纳森听过太多人说大话了。当你每天听3～4个提案的时候，你的"大话雷达"就会变得非常灵敏。所以，他继续问我："你花了多少时间研究这个神经什么的东西？"

看起来他很肯定我的回答会是20个小时，或者最多50个小时。

当我说"超过10,000个小时"的时候，他惊呆了。

他面带苦笑地看着我，放弃了他那对我不感兴趣的伪装，说："我的团队需要你。来跟我做生意吧，我保证你能赚大钱。"

我从没如此受宠若惊过。乔纳森，这个上过杂志封面的大人物，不仅把合作机会留给了我，还给了我一个更高的赞誉：他证明了我的方法在高压情形下也有效果。

我拒绝了他。他不好共事的名声广为人知，即使能赚再多的钱也不值得。但他这次的反应倒说服了我，让我萌生了在投资公司推广这套方法的想法。后来，我加入了位于贝弗利山庄（Beverly Hills）的盖瑟控股（Geyser Holdings）公司，一家你闻所未闻的高利润率风险投资公司。哪怕是经济增长缓慢（甚至接近停滞）的时候，我也在4年左右的时间里把盖瑟从1亿美元带到了4亿美元的规模。我做到这一点的方法也可以成为你收获成功的蓝图。你将会看到，只要你想说服他人，这套推销方法就能行之有效。对我有效的方法，对你也会有效，不管你从事哪一行的工作。

我们急需新方法

　　学习推销的最好时机就是现在。在当今社会，我们时常面临资金紧缺、竞争激烈的局面。在经济好的时候，你的客户会被各种短信、邮件和电话分神；而在经济不景气的时候，你的客户根本就无法联系上。只要进入状态10分钟，你就会发现：越是能吸引别人的注意力，别人就越有可能赞同你的想法。

　　但这并不算什么有用的建议。告诉别人"要吸引听众的注意力"，感觉就像教人打网球时说"球来的时候，要拿起球拍回击球"一样，没有实质性作用。他们不知道的是如何才能做到这一点。这是个很值得弄清楚的问题。如果你的工作需要你把一些东西推销给别人——产品也好，服务也好，理念也好，这是我们或多或少都会遇到的事情——你就会知道，用对了方法能推进项目，而用错了方法则会把项目做死。我相信你也明白，向一个对你持怀疑态度的顾客推销是很困难的，他的注意力可能只会在你身上停留1分钟，然后很快就会去接别人的电话。但我们还是得直面这些困难，因为我们是为了满足自己的需求而展开推销的。对我们大多数人来说，花在推销上的时间不到所有时间的1%，但推销仍然是我们生活中非常重要的事情之一。当我们需要筹资、推广复杂的理念或争取升职时，我们都必须进行推销。然而，在这方面，大家目前都做得非常糟糕。

　　其中一个原因是我们在用蹩脚的方法训练自己。我们对自己想要传达的信息了解太多，以至于很难考虑到别人听讲话时是什么感觉，所以我们往往是在一股脑地向别人灌输理念。（我们将在第四章进一步讨论这个问题。）但其实，失败的最大原因不在我们身上。接下来你将会看到，我们不会推销是因为我们的大脑有进化方面的缺陷——它就像是散装的硬件。如果想做好推销，我们就必须学会应对这方面的缺陷。

应对我们的鳄鱼脑

大脑进化的历史将告诉我们：

1. 这种"散装"是如何产生的。

2. 为什么成功推销比我们最初想象的要难。

3. 为什么我们需要像学习诸如物理、数学或医学这样的高门槛知识那样学习推销。

大脑的三个基本部分如图1.1所示。

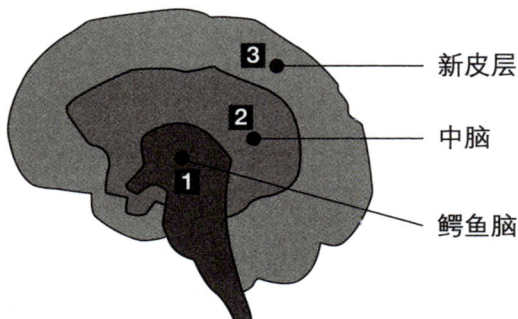

图1.1　大脑的三个部分

我们先说说大脑进化的历史。神经科学近期的重大突破研究表明，人的大脑发育分为三个不同阶段。首先，大脑较为原始的部分叫作"鳄鱼脑"（crocodile brain），负责对所有传入大脑的信息进行初始过滤。它引发的大多是生存层面的非战即逃式的生理反应，同时它也会引发一些强烈的基础情绪。但要是涉及决策，鳄鱼脑的推理能力就非常低下了。鳄鱼脑能力有限，它大部分的能力都是用来让我们能够活下去。所以，当我提到鳄鱼脑时，我指的就是这个水平的判断。

接下来是中脑（midbrain），它能够判断事物和环境的意义。最后，新皮层（neocortex）进化出了解决问题的能力，能够让我们思考复杂的问题，并通过推理得出答案。

信息和信息接收者之间的断层

我从分子生物学家克雷格·斯马克（Craig Smucker）那里了解到，当我们要推销某样东西时——理念、产品、交易，或是任何别的东西，我们是用大脑最高层次的部分，也就是新皮层来完成工作的。新皮层组建想法，将想法转化成语言，并将其表达出来。这是非常直观的。

三个各行其是的大脑

我猜，在日常生活中，你可以体会到大脑的三个部分是如何分开工作的。

当你走向自己的车，突然被不知从哪儿来的喊声吓了一跳时，你会立刻做出害怕的反射性行为。（这是原始的鳄鱼/生存脑在工作。）

随后，你会想搞清楚到底发生了什么事，想找出是谁在大喊大叫，并将这个人放在社会环境中加以判断。这时就是你的中脑在起作用了，它能判断到底是同事在叫，还是停车场的保安在叫，抑或是有什么更可怕的原因。

最后，你大脑中负责解决问题的新皮层就会出场处理这个事件。（它会弄清楚："没什么大事，只是有人在对着马路对面的熟人大喊大叫罢了。"）

整个思维过程与我们的进化过程完全吻合：首先得活下来，然后是弄清社会关系，最后是解决问题。

推销任何东西都意味着要解释抽象的概念，所以由大脑中最高级、最能解决问题的部分来完成这一工作，是不足为奇的。

但这正是我的想法——也许也是你的——出现偏差的地方。假设形成想法的是大脑的新皮层（确实如此），那么听我讲话的人肯定也是在用新皮层处理我传达的信息。

但事实并不是这样。

由你年轻的新皮层产生并传达的信息，其实是被别人用古老的鳄鱼脑接收和处理的。

你的想法可能和我10年前的想法一样。那时，我觉得"大脑和电脑很相似"。我用电脑给你发送了一个Excel表格文件，你肯定也会用Excel来打开并查阅它。这就是我原来认为的大脑的工作方式。我用我聪明的新皮层创建了一条消息并"发送"给你（跟你讲解），你肯定也会用你的新皮层来接收和理解这条消息。

然而，不先通过鳄鱼脑系统的生存过滤，那些旨在说服对方的语言和信息根本到不了对方大脑的逻辑中心；而正是由于大脑遵循这一进化路径，我们的推销工作才变得异常困难。

因此，不同于与人直接交流，我的想法是跳过人们的鳄鱼脑，跳过那些反对的态度、心不在焉的动作和漠然的表情。

最终，如果你成功了，你的想法和想要传达的信息就会进入对方大脑的新皮层。当别人准备说"好，合作愉快"的时候，他必然已经在大脑最高级的逻辑中心处理这些信息了。可是在一开始，这并不是别人接收到的信息。

让我进一步解释一下。相较于大自然的其他物种，我们的身体是柔软、脆弱、迟钝的。因此只有对世间万物的潜在危险保持敏锐，我们才能存活数百万年而不灭绝。而又因为在过去的古老时代，我们面临的境况极少是安全的，所以我们学会了极度谨慎地对外界事物进行判断。这一点一直持续到今天，每当遇到新事物的时候，我们的这种本能就会无意识地表现出来。当别人向我们推销，希望我们做些什么的时候，我们就会如此。

> 我们生来就不擅长推销，这是由我们大脑的进化方式决定的。

你的想法来自新皮层，但它却被你的听众用鳄鱼脑接收，这个问题着实严重。

这就是我之前提到的"散装"的含义。高级脑和低级脑之间的距离不是物理上的2英寸[1]，而是时间上的数百万年（更精确地说，人类进化出新皮层用了大约500万年）。为什么呢？因为当你在谈论诸如"潜在利润""协同项目""投资回报"以及"为什么要现在行动"这些适于高级脑的概念时，坐在桌子另一边的人脑子里并没有对这些高度进化的复杂理念做出反应。相反，其反应是低级脑该做出的反应：判断接收的信息是否对自己的生存构成直接威胁，如果没有，那忽略这些信息是不是也不会有什么后果。

---

[1] 英美制长度单位，1英寸约合2.54厘米。

工作中的鳄鱼脑

当你在推销一个理念的时候，对面听众的鳄鱼脑并没有在"听"，也没有在想"嗯，这是不是一笔划算的买卖？"。鳄鱼脑对你的推销做出的反应基本上是这样的："既然这不是什么紧急事件，那我该如何忽略它，或速战速决？"

鳄鱼脑的过滤系统对世界的看法简单粗暴。任何不紧急的事，都会被它标记为"垃圾信息"。

如果将鳄鱼脑的过滤指令可视化，它应该会是这样的：

1. 如果没有危险，那就忽略它。

2. 如果不够新奇，不能让人兴奋，那就忽略它。

3. 如果是新事物，那就用最快的速度了解概要——不用在意细节。

最后，还有一条详细指令：

4. 除非遇到意料之外或非比寻常的事，否则不要随便上报给新皮层解决。

这就是我们大脑工作时的基本操作规则和程序，怪不得推销总是那么难。

当然，在经过最初的筛选过滤之后，部分信息会立刻通过中脑进入新皮层，不然商业会谈就不像样子了。不过，这个过程对你要传达的推销信息已经造成了不可逆的破坏。

第一，因为鳄鱼脑的专注力和容量都很有限，在你的信息被传递到中脑，再传递到新皮层之前，有90%的信息都会被抛弃。鳄鱼脑没有能力处理细节，它只能把大而显而易见的具体信息传递上去。

第二，除非你的信息让鳄鱼脑认为是新奇和令人兴奋的，否则就会被直接忽略。

第三，如果你推销的东西很复杂——里面尽是些抽象语言，又缺乏画面感——那么它就很容易被视为一种威胁。这种威胁并不是听者害怕自己会受到攻击，而是因为缺乏有助于理解的线索和语境，鳄鱼脑认为理解起你的推销来要耗费大量脑力资源。这足以构成主要威胁，因为鳄鱼脑处理生存需求的信息就已经快让脑力超负荷了，比如日常生活琐事、当下要完成的工作，如果还要处理并不清晰的请求信息，那大脑就必然会跳闸，从而中断工作。结果是潜在的威胁信息（就是你的推销）将与一种神经毒蛋白关联起来，它就像联邦快递的货运单号一样，会把你的信息引导到杏仁核进行销毁。

到了现在，如果说大脑中有哪个部分是你不希望推销在这里结束的，那就是杏仁核了。杏仁核是大脑的恐惧处理中心，它会将信息转化为生理反应，如心跳加快、出汗、呼吸急促、烦躁不安等。最后，它会让人产生想逃离现场的感觉。

> 推销的信息通常是由我们大脑中最先进、最智能的新皮层发出的，而接收信息的则是500万年前就进化出的（并且不那么聪明的）鳄鱼脑。
>
> 你想推销任何东西，这都是一个严重的问题。

我必须再次提醒，杏仁核是保障我们生存安全的重要硬件部分。当有一只狮子追着你的时候，根本不需要触发高度进化的新皮层（它会花费大量的时间尝试解决问题），杏仁核中的"危险"开关早就已经开启，并向大脑的其余部分传递警报信息，使大脑开始分泌各种化学物质以及发送电信号，让你跑起来！而此时你可能还没有开始思考。如今，虽然我们早就不在野外生活了，但我们的大脑仍然会以这种方式运作。

最近大部分研究都指向了同一个结论：90%以上的信息会进入鳄鱼脑。请记住，每一次推销的信息都会先进入鳄鱼脑，并被鳄鱼脑这样编码：

· 无聊：忽略它。

· 危险：做好战斗或逃跑准备。

· 复杂：快速总结（不可避免地在此过程中丢失很多信息），并以极简的形式进行传递。

一直以来，我们都在错误地思考这个问题。很明显，我们需要一种新的推销方法。

吸引听众参与的法则

在做了一次演讲或推销之后，我们通常会问自己两个问题：

1. 我讲清楚了吗?

2. 听众听进去了吗?

如果我们的想法很好，如果我们没在演讲或推销时卡壳，如果我们很好地展现了自己的魅力，那我们可能就会预设听众会按照我们的想法去行动。然而，事实并非如此。最重要的是确保你传达的信息能满足这两个目标：第一，这些信息不会触发对方大脑的恐惧警报；第二，这些信息应该被认为是积极、令人惊喜、与众不同的，从而让听众愉快而充满新奇感地接受。

想要绕过那些恐惧警报的传感器是极其困难的。而要把信息变得新奇，同样不容易。但这是我们推销的唯一法则，因为鳄鱼脑就喜欢这样的信息：简单、清晰、不具威胁性，以及有趣而新奇（这是最重要的）。你要用这种方式来与人对话，否则你永远无法吸引听众的注意力。

> 鳄鱼脑是个对信息挑剔的小气鬼，它只对与生存相关的信息感兴趣。它不喜欢高负荷工作，而且当它不得不工作时，它会表现出很强的抗拒性，这就要求你在推销时提供简单直白的信息。细微的差别不会引起它的注意和兴趣。这就是你在推销时要面对的人的大脑。

作为信息进入大脑的主要通道，鳄鱼脑不会花太多时间应付新内容。鳄鱼脑要应对的是一项高复杂度的任务（保障生存），不能陷入细节和琐碎事物里。它喜欢那些已有清楚解释的事物。它只希望在两个清晰的选项中进行选择。它需要你开门见山。在听复杂的文稿讲解时，它会进入昏昏沉沉的状态，只有强有力的总结性观点，才能让它保持注意力。

如果鳄鱼脑对你提出的新事物感兴趣，那么它就会关注这个新事物，否则它就会直接放弃，转而关注下一件事。

残酷而现实的是，鳄鱼脑——目标对象对你的推销做出第一反应的源头——是这样的：

·只要可以，就忽略你。

·只关注总体印象（并且需要有明显对比和差异化的选项让它选择）。

·感性，会对所见所闻做出非常情绪化的反应，而且大多数情况下，这种情绪是恐惧。

·专注于此时此地，并且注意力集中在新奇事物上。

·需要具体的事实——会寻找具体可靠的证据，而不喜欢那些抽象的概念。

在我和鳄鱼脑打交道的过程中，我顿悟了推销的真谛。我明白了两个非常重要的事实。第一，我终于明白了我们在推销时的根本问题所在：我们用高度进化的新皮层来做推销工作，新皮层里尽是些细节和抽象概念，而接收我们推销信息的却是鳄鱼脑，它对所有这些东西都避之不及，只喜欢简单、明确、直接、没有威胁性的事物。第二，我逐渐意识到，每当我推销得比较顺利的时候，我都不经意地遵循了上面提到的5条规则：我让鳄鱼脑感觉到安全，给它传达的是清晰、直观、新奇的信息，没有让它消耗太多脑力。（同时，我也意识到，在我没有遵循这些规则时，我基本上都失败了。）

为什么这些规则对推销来说那么重要呢？有时候并不是这样的。如果你在推销谷歌的智能手机、3D电视或者法拉利跑车，那么这些规则也可能不会对推销产生影响。因为大脑会受多巴胺——大脑中的一种化学物质，会传递愉悦和奖励之类的信息——的影响，这个时候，所有传统的推销方法都能奏效。但是，如果你推销的产品吸引力没有那么强——这是不可避免的——那你就必须遵循大脑运作的规则。这本书的内容就围绕着如何遵循大脑的运作规则这一核心展开。

接下来会发生什么

在我顿悟的那一刻，我清楚地意识到，我们需要架起一座桥梁，去弥补新皮层和鳄鱼脑看待世界方式的差异。更具体地说，我们要将来自新皮层的复杂想法翻译成鳄鱼脑能够理解的内容，以便目标对象能够轻松接受，并加以注意。

我花了很多努力才总结出一套行之有效的方法。现在，我会将这套方法告诉你。

首先，你要为你的推销建立框架，把你想传达的主题用易于理解的形式表达出来。在框架建立起来之后，你要尽力争取较高的社交地位，这样你就为自己架立起了坚实的推销舞台。最后，你要保证自己提供的信息是充满新意和亮点的。

为了让你更好地记住这个流程，我把它概括为"STRONG"方法：

· 建立框架（Set the frame）；

· 讲述故事（Tell the story）；

· 点出亮点（Reveal the intrigue）；

·持续吸引（Offer the prize）；

·设定锚点（Nail the hookpoint）；

·达成交易（Get the deal）。

这些年来，我一直在使用这套方法（稍后我会详细讲解它），与来自贝尔斯登（Bear Stearns）、波音、迪士尼、本田、领英、得州仪器（Texas Instruments）和雅马哈等企业的高管谈成了一笔又一笔交易。每次推销的时候，我都了解到更多关于鳄鱼脑行为的规律，最后我总结出了推销时容易出错的5个环节。这个过程中的每一步都可能让你犯下致命的错误。当目标对象的鳄鱼脑感到无聊、困惑或受到威胁时，你的推销就基本上要走向失败了。

接下来，我将告诉你如何避免这些错误，圆满地完成一次推销，一次得到目标对象鳄鱼脑的认可，成功概率大大提高的推销。

第二章
框架控制

运用框架导向的推销方法，一大好处就是不需要太多技巧、策略或流畅的交流。事实上，你很快就会发现，你的话越少，效率反而越高。

请记住，适度地运用拒绝、反抗和小幽默，能够有力地维护你的框架，巩固你的更高地位。幽默很重要，请不要忘记这一点，不然我保证你会有意想不到的麻烦。

PITCH
ANYTHING

　　那是2001年7月，我站在矗立于贝弗利山庄中心地带的一栋办公楼前。这是一条通往权威的长廊，无论是在好莱坞，还是在金融界，这里都是成就事业的地方，也是达成交易的地方。

　　现在我就在这里。我的目标对象是一个掌控着近10亿美元资产的家伙。你并不是每天都有机会向这样有影响力的人推销自己的。如果你觉得我会紧张，那你就大错特错了。这一次不是我来推销，而是我的同事汤姆·戴维斯要向这位财经界的标志人物，即贝尔兹伯格（Belzberg）家族的三位亿万富翁之一比尔·贝尔兹伯格推销。

　　如果你关注商业新闻，那你就可能听说过贝尔兹伯格家族。20世纪80年代，他们作为企业狩猎者而声名鹊起。仅仅是在会议室里观察他们工作，效果就不亚于上了一堂硕士级别的金融课程，所以我很期待接下来的一个小时会发生什么。

　　汤姆今年31岁，全身散发着魅力，是一位讨人喜欢的CEO。他有一家不错的公司，但现在缺乏发展业务的资金。为了筹到钱，他愿意去挑战这件几乎不可能成功的事——征服贝尔兹伯格。

　　我笑了，想着接下来发生的事将会很有意思。我看过汤姆为了这次推销所进行的排练，他的直觉很棒。

　　"我的方案非常完美，而且我意志坚定，相信我可以打出漂亮的一仗。"在贝尔兹伯格办公楼的大厅里等候时,他这么跟我说道。他表现出的信心确实让人热血沸腾。

"等会儿就会知道了,"我说,"放轻松。"

没过多久,我们被请进了会议室。等待了30多分钟之后,我们看到面前的双开门打开了。比尔·贝尔兹伯格大步走进来,仿佛嘉宾出场。69岁的他又高又瘦。他对汤姆挥了挥手,示意可以开始了。汤姆看了看我,我点头表示同意。贝尔兹伯格站着没坐下,几乎一开始就打断了汤姆:"听着,我只想从你这里知道两件事:你每个月要花多少钱?你自己的工资是多少?"

这可不是汤姆想听到的问题。他为这次推销做准备时的思路完全不是这样的,现在他看起来很傻,不停地在自己的包里翻找费用表。刚刚的坚定意志和自信心都去哪儿了?他把文件掉在了地上,说话也开始结巴,一副不知所措的样子。

贝尔兹伯格只说了短短的一句话。你也看到了,这么短的一句话可能会决定整个交易的命运。这是为什么呢?下面这个类比可以给你一个很好的解释。

想象一下,我们周围有某种强大的能量场,悄无声息地影响着我们的潜意识。这道无形的屏障实际上可以保护我们的意识,让我们不受外部思想和观点的突然入侵。

然而,当能量场被扰乱之后,它就会完全崩溃。我们的心理防御就会失效,于是我们将会成为他人想法、欲望和命令的奴隶。他人就可以任意地把其意志强加在我们身上。

没有人知道这种能量场是否真正存在,但也许这个概念能够让我们很好地理解我们的精神结构和我们看待世界的方式，我将其称为"框架"。你等会儿就会明白，汤姆的框架遇到比尔·贝尔兹伯格的权威框架后，是怎么坍塌的。

想象一下，你手里握着一个窗框，你通过它观看世界。随着你移动这个窗框，你的所见所闻都会被大脑理解和解释，这很大程度上是基于你的理解力、价值观和道德观。这就是你对世界的看法。

而别人也会用自己的窗框来观看世界，他的所见所闻或多或少会和你的不一样，甚至可能截然不同。

通常我们会把这个"窗框"叫作视角。我看问题的视角和对问题的理解可能与你不同，这是一件好事。当我们建立自己的想法和价值观时，不同的视角往往是我们非常需要的。

然而，当我们用自己的框架看待世界的时候，有些事情悄悄发生了。我们的大脑处理着感官传来的信息，并且立马用一串问题做出反应：这玩意是否危险？我该吃掉它，还是该和它保持距离？这是鳄鱼脑的工作，它最擅长的就是发现框架，让我们免受威胁，并判断是用掌控思维还是威胁思维来应对有潜在攻击性的想法和信息。

整个商业世界中有着数百万商人，每个人都有自己的社交框架。当两个或两个以上的人在商务环境中交流时，他们会摆好自己的架势，然后进行对谈，这种对谈不可能是友好的或是带有合作意识的。框架有极强的攻击性——请记住，它根植于我们的生存本能——并会极力保护我们的主导地位。

当两个框架相遇时，会发生的第一件事就是竞争。这种竞争并不友好，而是你死我活的竞争。框架是不会融合在一起的。它们只会硬碰硬，最终强势框架会把弱势框架吸收掉。

一山容不了二虎，一轮交战后，其他框架只能听从胜出框架的命令。这就是你参加的商务会议、拨打的销售电话、发起的商业交流背后的本质。

当你和要推销的对象展开对话以后，你的框架就会和他的框架相互碰撞、争斗，以争夺支配权。如果你的框架胜出了，你就可以尽情享受框架控制的感觉了，你的想法会很容易被别人接受（甚至跟随）。但如果你的框架输了，那你就只能被你的客户支配了，这次推销成功与否，将取决于客户是否愿意做做慈善帮助你。

学会控制框架以及运用好框架的力量将会是你学到的最重要的知识。

基于框架的生意

运用框架导向的推销方法，一大好处就是不需要太多技巧、策略或流畅的交流。事实上，你很快就会发现，你的话越少，效率反而越高。

销售技巧是为那些已经失去框架优势，在从属地位或较低地位上挣扎着进行推销的人设计的。可惜这些方法通常不仅低效，无法促成愉快互利的商业交易，而且最后往往还会招来客户的厌烦。

这几十年来，有很多书籍和研讨会——仅亚马逊上就有超过35,000种书籍——都在教你如何说服、影响、哄骗甚至恐吓顾客快速做出购买决定。几年前，当这些项目的推销者意识到自己的方法并不高效以后，他们就用了一个"大数定律"来为自己找借口。他们的经典承诺是这样的："用我们的销售技巧打电话给100个客户，你肯定可以拿下2单生意。"换句话说，你要比其他人更努力工作，你才会有2%的概率成功。但说实话，这种成功算是成功吗？

这些"销售大师"忽略了一件事：在失去了社交框架的掌控权之后，你很可能就已经输了。这时你所能做的就是用花言巧语和苍白无力的推销技巧来试探客户，向他们释放绝望无力、祈求施舍乃至彻底失败的信号。

在"大数定律"下，这些"销售大师"除了让你花更多时间和汗水投入工作之外，并没有真正让你的竞争优势得到提升。他们强迫你为自己的弱势地位付出尽可能多的努力，以此换来新订单，还声称这只是一个数字游戏。他们让你错过了生命中的很多美好事物，这难道不残忍吗？

框架导向的推销方法的思路则完全相反。它强调充分运用社交优势，帮你在开始推销之前就把于你有利的东西搭建起来。

当我们回顾推销失败的案例时，我们总会将原因归为以下这些说法：产品不适合顾客，今天状态不好，没有正确定位，潜在的买家做了对他而言更优的选择。然而，推销失败的原因并不是表面看上去那么简单。事情的本质是，在推销开始之前，你就已经失去了框架的控制权。

当你把框架的控制权掌握在自己手里时，你的处境就有利于你和客户达成协议，同时你还可以对你想要推进哪些交易、订单或项目有选择权，而不是仅仅做你能做的而已。

如果你觉得这不可能，那我可以告诉你，我每天都在这么做。原因很简单，我想服务好我的客户。如果我一心只想不断追求新业务，我就不可能做到这一点。

与其打无数次低效的销售电话或绞尽脑汁去推销，还不如让我告诉你如何在对话中获得和保持框架的控制权。如果你能学会其中的技巧，你就会发现自己将有勇气放弃那些你不感兴趣的生意，转而集中精力应付那些你更感兴趣的生意。你对我的方法感兴趣吗？这就是我这么多年一直在用的方法。

赢得框架，赢得比赛

让我们快速回顾一下：框架是你用来包装自身权威、威信、力量、信息和地位优势的工具。

1. 不管你有没有意识到，其实每个人都在使用框架。

2. 每一次交流都会让不同的框架发生碰撞。

3. 不同的框架不会共存太长时间。它们会相互竞争，直到其中一方获得控制权。

4. 只有一个框架会存在下来，其他框架不是被破坏了，就是被吸收了。强势框架总是会吸收弱势框架。

5. 获胜的框架将主导社交活动。这也就是我们所说的框架控制。

警察框架：框架运作机制介绍

为了让你熟悉框架的作用方式和框架在社交中的基本功能，这里有一个你已经知道的主导型的框架——几乎是教科书式的框架控制案例。

想象一下，你正沿着加利福尼亚州圣克鲁斯（Santa Cruz）以北的101号公路行驶。天气和风景都是如此令人陶醉，你以每小时80英里[1]的速度行驶在快车道上，仿佛正在追逐夕阳，心中不禁有种飞驰人生的感觉。这个时候，世界是完美的，直到你看到后视镜里灯光闪烁，那是警察试图拦截你的警报灯。呜呜的刺耳警笛声和反光条的刺眼颜色告诉你的鳄鱼脑：危险！该死，他是从哪儿来的？我超速了吗？这些就是恐惧（一种基本和原始的情绪）来临时鳄鱼脑能想到的几件事情。现在，你的鳄鱼脑完全控制了你的行为。你已经靠边停下来了。当你伸手去拿驾照和行驶证时，你从后视镜里看到警察正向你走来。

正如这个例子所示，框架使人们的交流变得简单，因为框架集合了特定的视角和与之相关的所有信息。

你打开车窗。在这一刻，两个框架要碰撞上了：警察的框架和你的框架。

快想！你的框架是怎样的？"我是跟着车流走的"，还是"我以为这条路的限速比较高"？

最后你选择了"善良"框架："警官，我是个遵纪守法的好司机，这次放我一马吧。"

但是警察的框架毫不动摇。他的框架有很多加成——道德上的、社交层面的，甚至还有政治权威上的。对了，他还有一个测速仪。

你脸上带着温顺的笑容，把驾照和行驶证递给他。他停顿了一下，透

---

[1]　英美制长度单位，1英里约合1.61千米。

过头盔对你怒目而视。现在，你的"善良"框架就要被打破了。"你知道我为什么让你靠边停车吗？"他问道。

你知道你超速了。你没有任何高于道德权威的框架可以拿出来，所以你的框架就要被摧毁了。这就是框架控制的关键。如果你不能对他人说的话和做的事做出有效反应，那么框架的控制权就会落到对方手中，而你的框架则会处于被控制的地位。

结果没有任何悬念。这位警察的框架更为强势，你们的框架发生争斗后，警察的框架赢了。

在这个例子中，你可以看到在由威望、地位和权威等构建的强势框架下，弱势框架是如何崩溃的。警察拥有全方位的优势：体格、装备、政治、道德（你违反了交通法规，而且你是知道这一点的）。

让我们深入了解一下警察的框架，看看这件事的实质是怎样的。从后视镜里看到的巡逻警车的影子以及闪烁的警报灯唤起了你的恐惧、焦虑和服从本能，因而你的鳄鱼脑进入了防御模式：你的胃开始紧张，你的呼吸变得急促，心跳也加快了，身体里的血液涌上了你的脑门。这都是鳄鱼脑拉响警报后发生的事。在这种情况下，你想不出任何理由和办法来打破警察的框架。

警察框架的核心在于：如果你需要解释你的权威、威信、地位、影响力和优势在哪儿，那么你的框架就不是什么强势的框架。理性地争辩更高的地位或者进行逻辑思考不能帮你赢得框架之争，也无法让你获得框架控制权。你应该注意到了，警察根本就不需要解释他把你拦下来的理由，也不需要掏出自己的枪跟你说反抗会有什么后果。从他的角度来看，他没必要向你做出"你最好保持冷静和服从"的声明。他也不会专门做出什么动作来让你感到恐惧和焦虑。面对警察的框架，你的鳄鱼脑立即并自然而然就产生了这些反应。鳄鱼脑控制了你，让你做出了原始而自动的行为，完全不受意识的控制。

在这次互动的最后阶段，警察把罚单交给了你，这场发生在路边的框架之战就结束了。他对你说的另一句话是："在这里签名，用力一点，第五联是你的。"

最后，仿佛反应过来了，或者是为了对你的冷静和配合予以褒奖，他说："别开太快了，祝你生活愉快！"这让感到羞耻的你更加无地自容。每一次社交互动都是框架之间的碰撞，而框架更强势的一方总会是赢家。框架碰撞是一种原始的斗争，它会将新皮层屏蔽，让鳄鱼脑参与决策和决定行动。

强势框架不需要理性论证的支撑。处于弱势地位才需要用尽逻辑思考和事实证据为自己证明，而这些都是强势框架抛弃的内容。

这些年来，我观察到，推销成功与否取决于你是否有能力建立起一个不需要理性论证的强势框架。这种强势框架可以击溃并吸收弱势框架。那么，有没有一种通用的建立和应用强势框架的方法呢？答案是肯定的。

选择框架

当你进入商务场合时，你必须问自己的第一个问题是："对方的框架是怎样的？"答案取决于几个因素，包括你提供的方案对客户而言的重要性。但你要知道，框架主要与人的基本欲望有关，而这属于鳄鱼脑的掌控范围。更直接地说，就是强势框架能激起人的基本欲望。

要想通这一点并不难，大部分客户的鳄鱼脑只会对几种基本框架做出反应，所以你不需要根据每个人的个性调整你的框架设定。如果把你比作一个机械工，那么框架对你来说更像是工具箱里的橡胶木槌，而不是螺丝刀。

每次开会之前，我都会思考这些事情：在这场会议中，会起作用的是哪些基本的态度和情绪？然后我会根据这个因素决定自己该用哪种框架。这么多年来，我只用了四种框架就搞定了我接触过的所有业务。例如，如果我要会见的人性格很强硬，我就会用反权威框架；如果我要会见的人喜欢分析，是精打细算的人，我就会选择亮点框架；如果我要会见的人很多，而形势对我不利，那么时间框架和重视框架对我来说就是至关重要的。

当社交场合的局势发生变化的时候，我通常也会准备好随时切换不同的框架。

在大多数商务场合，你会面对三种类型的框架：

1. 权威框架（Power frame）；

2. 时间框架（Time frame）；

3. 分析框架（Analyst frame）。

你可以用以下三种类型的框架来应对，从而在一开始的碰撞中争取到框架的控制权：

1. 反权威框架（Power-busting frame）；

2. 时间限制框架（Time constraining frame）；

3. 亮点框架（Intrigue frame）。

还有第四种框架可以选择，它对上面的三种敌对框架都适用，甚至还可以用于其他你可能会遇到的框架：

4. 重视框架（Prize frame）。

接下来我们要讨论的是如何识别并击败对方的框架。

权威框架

在商务场合，你最常面对的就是权威框架。权威框架通常来自具有强烈自我意识的个体。他的权威基于他的地位，而这种地位则源于别人给予他的荣誉和尊重。当你遇到一个人对你表现出傲慢、毫无兴趣（意思是"我比你更重要"）、粗鲁等皇帝式目中无人的行为时，你就可以肯定你面对的是一个权威框架。

展现权威框架的人（也可以称为大人物、自大狂之类的，随便你怎么称呼他们）喜欢无视别人，倾向于把注意力放在追求自己的欲望上。他们往往不能很好地判断别人的反应，喜欢用自己的成见看待他人。他们盲目乐观，会不计风险地去挑战那些难以把控的事情。

在你的反权威框架下，他们往往会非常脆弱，因为他们根本不会想到你有这一招。他们希望你奉承、讨好和服从他们，希望你在他们讲完一个冷笑话后捧腹大笑，希望你把他们的感觉看得比你自己的更重要，希望你顺着他们的框架走。这就是他们的弱点。他们从来不会想到你的框架可能会控制全局，而你总会在他们措手不及的时候击败他们。

当你的对手摆出权威框架时，你要做的第一件事，也是最重要的事，就是不要做出反应，以免落入对方的框架中。在摆出你的框架之前，请确保不要做任何会增强对方框架的事。

请注意商务场合中的各种权威从属行为，比如表现得恭恭敬敬，与别人进行无意义的攀谈，或者别人让你做什么你就做什么，这些都会抬高对方的地位，并确立你的从属地位。千万不要这样做！

作为权威框架对立面的那个人，当你和对方第一次见面时，你必须为随时可能发生的框架冲突做好准备。

请做好准备！你的框架会成功瓦解对方的框架，并在社交场合营造出短暂的平衡氛围，随后对方的框架就会被你的框架吸收掉。

这一切听起来似乎充满戏剧性，但在实际情况中，这种转变通常是迅速而平静的。在你的对手意识到之前，框架的控制权就已经在悄悄转移了。一旦你开始习惯建立主导框架，它就会成为你的第二天性，这样的话，你就可以开始享受生活了。

应对权威框架

几年前，我在一家大型中央银行开会，这家银行的名字我一说你就知道。这场会议原本计划在一个小时内完成，会见我们的人说得很清楚，只给我们一个小时的时间。这是一个伴随时限压力的经典权威框架。

虽然来华盛顿参加这次会议，我们的花费超过2万美元，但如果我们成功了，就能换回来几百万美元的收益。

通过安检后，我们乘电梯来到19楼。在这里，每年达成的交易额都超过1万亿美元。我们感觉自己即将跻身美国最有权势的金融精英的行列。

每个月有35名交易员在这里谈成数十亿美元的交易，而一个小时之后，我们的这次交易也将开始。我联系了我所有的投资人，一共筹集了约6000万美元的投资资金，准备搬上谈判桌。

跟我对接的交易员是一个名叫史蒂夫的人，他负责接待我们，而我则要向他和两位分析师进行推销。漫长的等待之后，一位衣着极其讲究的年轻女士把我们带进了一个会议室，我从来没见过这么大的会议室，足足有半个篮球场那么大。史蒂夫和随行人员走了进来，跟我们进行了一段再标准不过的寒暄。史蒂夫是全场级别最高的交易员，他迟到了几分钟，然后用了15分钟谈论自己。于是，宝贵的22分钟就这么被浪费了。最后，我终于成功把我们的材料分发出去，并开始宣讲了。

在经济景气的时候，史蒂夫对一天完成1亿美元的交易已经习以为常，相比之下，我们完成这笔6000万美元的交易至少要30天。所以，他似乎对我们不是很感兴趣。

我先介绍了我们想购买的资产类型和愿意支付的价格。在一次短暂的停顿中，我看了看史蒂夫，发现他正拿着我们的材料，心不在焉地用笔在背面乱画。

他对我们的材料是多么不上心啊！真是糟糕透了。如果你用传统的推销技巧去分析这件事，你可能会认为我们提供的材料或项目本身有问题。但是，如果你通过框架和社交动态的视角来看待这件事，你就会明白我们这个项目本身没有问题。只不过史蒂夫的权威框架和我们的框架发生碰撞后，我们落败了。

我首先想到的是，天哪，怎么会这样呢？我花了那么多时间和金钱来参加这场会议，而现在我却只能眼睁睁地看着机会溜走。那家伙在我们的材料上乱画，我顿时觉得自己卑微得像蝼蚁。我的鳄鱼脑里充斥着人类的原始情绪。我被对方的框架牢牢控制住了。我那简单而情绪化的鳄鱼脑条件反射般地让我赶紧撤退，我也确实考虑了一下这个建议。

当你选择遵从固有权威而没有试图建立自己的威严时，你就是在为对方的权威框架添砖加瓦。

我迅速恢复了平静，然后做了下面的事：

"史蒂夫，把那个给我。"说着，我把他手上的材料收走了。

这是一个破坏对方权威框架的举动。

随后是令人尴尬的沉默……

不久，我发现史蒂夫把注意力放回到我们的项目上了。"等等，等一下。现在我明白是怎么回事了。你的想法确实不错，先不谈虚的东西，就这个项目，你出个价吧。"

这是打破权威框架的极端案例。其实你也可以在日常会议中用缓和一点的方式来改变框架，把注意力放在一个完全不同的主题上。如果一个人想控制你，你可以让他在一些无关紧要的事情上实现他的控制欲，比如这个案例中史蒂夫在材料上乱画。在遇到类似情况（难免会遇到）时，你可以先挑一些抽象的东西，然后就此和对方展开一次紧张的谈判——输赢并不重要。这时，对方权威框架的力量就明显被削弱了，然后他就会把注意力放回到你真正想谈的事情上。

史蒂夫没料到这一点，我打破框架的举动完全改变了会场上的气氛。我又有机会把注意力重新放回到真正重要的事情上了——我即将要花掉的这6000万美元。现在，史蒂夫完全专注于我了。

要打破权威框架，你可以用一种温和的方式来引发某种意外。用好拒绝与小幽默，这将有利于你得到关注，并能够创造一种被称为"场景权威"的氛围来提升你的地位。（你将会在第三章读到关于创造场景权威和提升地位的内容。）

获取框架控制权

下面是一些更隐秘的削弱权威框架的方法。一旦你开始和目标对象接触，就立刻找机会去做：

1. 表现出轻微的拒绝；

2. 表现出些许反抗。

例子

在会议桌上放一个写着"机密——约翰·史密斯"的文件夹。当目标对象伸手去拿时，你抢先拿起来，然后说："嗯，还不行哦。你等会儿才能看。"

如果你要推销的是很有创意的东西，而且你带来了一些颇具视觉冲击力的材料，那么你可以先让目标对象偷偷看一眼，等他表现出好奇的时候，把东西拿走，收起来，然后再温和地告诉他要等准备好了才可以看全部。

这就是一个快速挑逗之后紧跟着果断拒绝的例子，这会对目标对象的鳄鱼脑产生非常大的干扰。你所做的事情并不会冒犯别人，也不会让人觉得卑鄙。相反，它很有趣，而且无意中向对方传达了这样的信息："在这里，我说了算，而不是你，兄弟。"

获取框架控制权的关键在于对目标对象的行为进行一定程度的拒绝，并明确表示：现在还不可以。这是我主导的会议，得按照我设计的议程来进行，所有的事情都要按我的时间表来。

另一个获取框架控制权的方法是用一个小而有力的反抗行为来回应某个观点。

目标对象："谢谢你过来，不过今天下午我只有15分钟时间。"

你："没关系，我也只有12分钟时间。"你是笑着说的，但你也很认真。

有了这句简单的话，你就把权威框架从目标对象身上抢走了。这很容易就会成为一种框架游戏。我曾经用这种方法把一次会面的时间缩短到只有2分钟。对方说："你只有12分钟？我忘了，我其实只有10分钟。"然后我又回应以8分钟。如此往复。你会发现，这种框架游戏对双方的关系其实很有好处。它是一种获取重视的方式（稍后我会讲到），对双方来说都很好玩。就是这么简单。你越善于获取框架的控制权，你就越可能成功。

你可以思考一下，在一场会议刚开始的时候，你可以用什么小举动来展示自己的拒绝和反抗。不要让你的想象力限制你。拒绝和小幽默是获取权威和控制框架的关键。保持有趣，面带微笑，当权威转移到你身上时，请立即让会议朝你想要的方向推进。这是控制框架的基础。当会议继续下去的时候，你才有机会获取更多的权威和更高的优势地位。

转移权威和获取框架控制权一开始影响很小，但这种效应很快就会扩散。当权威第一次发生转移时，对方就失去了对框架的控制，他对此是知道的——他能感觉到。他的意识会开始躁动，这意味着他的原始欲望被激活了。现在，他的注意力完全集中起来了。他会心想：哇，现在是什么状况？

他可能会完全不理解你刚才的举动，但并不会生气，因为你既不粗鲁，也不刻薄。当你风趣地表现出反抗行为时，他会欣然接受被你挑战，并且本能地认为他面前的人是专业的。在这时，他会意识到这是一场游戏，而且这场游戏已经开始了，你们会在游戏中获得很多乐趣。

一旦游戏开始了，游戏就有它自己的惯性，你可以好好利用这一点。不要害怕，将自己的权威收放自如地表现出来，以持续获取对方的注意力，因为游戏的全部目的就在这里了——在推销过程中抓住并始终保持对方的注意力。

你也要小心，不要滥用自己的权威。当你游刃有余，成为"框架大师"的时候，你就会明白，控制框架并不是目的，而只是成功推销的一种手段。没人喜欢被控制，所以你一旦控制了框架，就应该确保在使用权威的时候，让双方都感到有趣和刺激。

拒绝和反抗是颇具威力的框架破坏手段。它们能很好地平衡社交权威结构，让权威转移到你身上。然后，你要做的就是保持并善用这种权威。

重视框架

另一种常见的情况是，对方的决策者没有按照约定出席会议。这种情况需要你采取一种特殊的应对方式，你不仅要反复确认你对框架的控制，而且要把自己塑造成对方从没接触过的特别的人。

假设到目前为止，你做得都是对的。你已经进入了商务会谈状态，迅速建立起了强有力的框架，并开始对刚认识的目标对象进行框架控制。你已经准备好开始进行推销，万事俱备，就等着那个决策者到来。不一会儿，他的助手走进来说："抱歉，刚刚我们老大打电话来，说他一个小时后才能过来，你们可以先开始。"然后她就转身离开了。

这对你来说是一个关键时刻。就在刚才，你失去了框架控制权，并且你对此无能为力。然而，这并不意味着你没有选择了。你的选择有：

1. 继续你的推销。虽然你非常清楚自己失去了框架控制权，但你还是祈祷一切会朝好的方向发展，希望对方的决策者会在会议结束之前赶到。我不建议你做出这样的选择。

2. 停下来，重构你的权威、时间或重视框架（这一章所讨论的），甚至综合使用三种框架来重获你对框架的控制，夺回你的权威。

毕竟这场会议就要开始了，你为它做了充分的准备，还有要实现的明确目标。你甘心就这样放弃吗？

没有人能完美地讲述你要讲的故事。如果你认为把故事讲给决策者的下属，他们会以同样的感染力和说服力将它传达给自己的上司，那么你就是在自欺欺人。没有人能完美复述你讲的故事。这个故事，对方的决策者一定要听到，并且一定要从你这里听到才行。

面对这种情况，我通常会这样说：

"所以你们要我推迟会议开始的时间，对吗？好吧，我可以给你们15分钟准备一下。但如果不能在那个时候开始，那我们今天就到此为止吧。"

这时通常会有人去找那个决策者，而且会尽其所能地联系上他，并要求他参加会议。

或者也可能某个人会说："我们先开始吧，我们会确保老大了解情况的。"你当然不能让自己建立起来的框架被这句话给击垮了。你的反应该是怎样的呢？你应该会说："不，我不会按照你们的计划做。我说开始的时候，会议才能开始；我说结束的时候，会议才能结束。麻烦你们确保所有相关人员准时参加会议。我只会在会议上讨论我想展现的内容，你们要注意听我讲的每一句话。"

当然，这些话你在脑海里想想就算了。在实际情况下，你可以说："我可以等15分钟，但15分钟之后我就要走了。"这句话已经能够很清楚地传达信息了。

第一次用这种方式思考并说出这些话的时候，你一定会感到不舒服——不，甚至可能会恐惧——你会怀疑自己有没有做错。你会心跳加速，害怕这么做会冒犯对方，导致不好的结果。在某个瞬间，你会怀疑自己，认为自己犯了天大的错误。

但随后发生的事情就显得很美好了。在会议室里，对方的人会努力提出解决办法，以平复你的不满情绪，尽力阻止你离开。他们此刻对你非常关注。

当你又控制了框架时，别人就会对你的行为做出反应。

就像彼得·帕克变身蜘蛛侠一样，你的力量变强了，在场的所有人都会感受到一种潜在的地位变化。这让你得以完全控制局势，这时你要审慎地使用这种力量。如果你起身收拾东西准备离开，那么这对那个决策者和他的下属来说都是影响极为不好的事情。所以，你仁慈地给了那个决策者15分钟的时间，礼貌并坚定地展现了你的框架权威。

如果那个决策者15分钟后还没有出现，你就可以离开了。不要在这种情况下进行任何进一步的推销，不要留下资料，更不要道歉。你的时间被浪费掉了，你甚至不需要说出来，对方心知肚明。

如果你还想和这家公司做生意，并且场面合适的话，你可以告诉对方在场的最有话语权的人，说你愿意重新合作，但要在你的地盘上继续聊。是的，你应该提出要再约时间，并声明这种事情是难免的，你会重新给大家进行推销宣讲（我们都有错过会议的时候），但下次会面，应该由他们来找你。

这是一种获取框架控制权的方法，非常隐秘，叫作"重视框架"。你要做的就是让对方重构框架，改变自己的言行，反过来争取你的认同。

几分钟前，你得知对方的决策者不会出席今天的会议了，显然这种情况下，你成了他们今天早上的消遣节目。然而，现在你告诉对方，他们需要来讨好你。重视框架向对方传达的潜在意思是："你们得赢得我的注意。关键人物是我，而不是你们。像你们这样的买家（听众、投资人或客户）我可以找到很多，但我是独一无二的。"

同时，这也会让你的听众明白：要想从你这里得到任何进一步的信息，他们得付出更多的努力才行。

重视101

为了巩固重视框架，你可以让目标对象先好好审视一下自己。"你能提供贵司的资料给我看一下吗？我们公司对合作方有一些要求。"在原始的鳄鱼脑层面，你刚刚发出了一个挑战：我为什么要和你们做生意？

这是在用强硬却不说破的方式来声明你的更高地位和框架权威。这迫使对方要向你表达他们对你有多感兴趣，以此来证明他们的诚意。

听起来很离谱是吗？不会的，我敢保证。当你把社交地位进行180度的大转弯之后，所有连带的事情都会发生改变。强势者变成了弱势者。在上面的例子中，对方会有一种道德上的愧疚感，觉得对不起你，所以接下来应该妥善处理这件事。

在大多数会议的一开始，你只能以较低的姿态进入会场。因为你的项目只是一连串项目中的一个。在听了足够多的宣讲之后，对方早就知道要如何应对你这样的推销者了。但现在，你打破了他们的权威框架。他们会向你道歉，并安抚你，纠正他们先前对你的失态表现。通常，如果对方的决策者就在不远处的话，他们一定会想办法让他出现。

接下来，我将会分析时间框架与分析框架碰撞时所发生的事情的本质。不过，在详细讨论之前，我想先讲一个我这些年来为什么会开发和使用这些框架的故事，这可能会对你有帮助。你将会看到，框架的应用来自我个人的经验，而且往往是用在高风险的场合，收获和损失的意义都很大。

记住，当你控制了框架的时候，人们就会回应你。下面让我来分享一个我亲身经历的例子。

牛油果果农的钱

我低头看了看手机，发现有14个来自同一个人的未接电话——沃尔特。我才静音了不到30分钟，电话就被他打爆了。我听了他的一条留言：

"奥伦，我遇到了一个很严重的问题。"

他的这个严重的问题是一笔失败的交易，现在我的任务是帮他处理这件事。

丹尼斯·沃尔特是一位果农，常常得在烈日下辛苦劳作，穿的衣服脏兮兮的。辛苦工作了35年后，他准备退休了。他存了钱，但其中很大一部分（64万美元）存在了一个名叫唐纳德·麦根的人的托管账户里。

在法律意义上，这笔钱是属于丹尼斯的，他现在想拿回这笔钱。但争取了很多次，他都没能把钱要回来，而这会影响我和他都参与的一次1800万美元的投资。如果丹尼斯不能把这64万美元转账给我，那么这项投资——我们打算在夏威夷购买一处大房产——就会告吹。所以，他的问题现在也成了我的问题。

为了拿回丹尼斯的钱，我不得不和麦根坐下来沟通，让他把钱还回来。我就是这么被卷进了一次注定要失败的劝说工作。虽谈不上生死攸关，但也差不多了，毕竟这是丹尼斯一生的积蓄。

我对麦根略有了解。他是一位出了名的成功商人，主营医疗设备。有趣的是，在20世纪60年代，他参与研发了第一代硅胶隆胸技术。如今，他拥有两家公司：美迪科和西南交易所。

美迪科的隆胸业务一度看起来有大好前景，但没过多久，公司就陷入了困境。为了维持美迪科的运转，麦根开始从西南交易所转移资金。

西南交易所是麦根在2004年买下来的，通过它，麦根可以即时掌控托管账户中超过1亿美元的资金。那些像丹尼斯一样的房地产投资人，常常会在寻找新的投资机会时，将自己的资金放在西南交易所托管。

据联邦调查人员披露，收购西南交易所后不久，麦根就从西南交易所向美迪科转移了4730万美元，其中64万美元就来自果农丹尼斯。

现在我正在去拉斯维加斯的公务机上，准备去帮丹尼斯完成这项不可能完成的任务。

我想象了一下我和麦根面对面交流时可能会发生的情景。当时，我并不知道自己正卷入一场涉及数百名投资人，资金规模达1亿美元的纠纷，也不知道麦根是个奸商，是个罪犯，策划了这场大规模的庞氏骗局。我只知道这件事处理起来不会很愉快。

开车前往亨德森（Henderson）——拉斯维加斯的一个郊区时，我有一种强烈的使命感。因为麦根的所作所为不仅伤害了丹尼斯，还让这64万美元影响了我在夏威夷的投资。

我把车开进西南交易所的停车场，然后第一次见到了丹尼斯本人。他是个好人，是个平凡的果农，而且他看起来真的很需要我的帮助。

当然，我也非常紧张。虽然我喜欢推销，但通常是推销新业务。而做这样的谈判，把一大笔钱从一次失败的交易中拿回来，在精神和情感上无疑是一种折磨。

为了让自己平静下来，我梳理了一下所有与框架控制有关的方法，这是我常年研究学习并掌握得很好的技巧。就像我之前提到的，除非你建好了框架，否则身处什么场景都是没有用的。框架是一种心理结构，它塑造了我们看待世界的方式，并让我们将各种社交关系置于特定的环境中思考。所有生活场景的意义都是由你为之构建的框架控制和决定的。但你不是唯一构建框架的人，每个人都会试图将自己的框架强加在别人身上。框架就像你希望事情会如何展开的脚本。关于框架，最重要的地方是什么呢？那就是在任何两个人的互动中，都只能有一个主导框架。

当两个框架相互碰撞时，无论是在感性的争论还是理性的事实中，强势框架都会吸收弱势框架。

在停车场，我和丹尼斯聊了几分钟。我简单准备了一下我的框架，然后就和丹尼斯一起走进了大楼，去找那个引起所有麻烦事的——唐纳德·麦根。

我们走进大楼的时间是上午9点。这里的办公室看起来平平无奇，摆着黑色的皮沙发，咖啡桌上整齐地放着几本杂志。

"早上好，有什么可以帮您的？"前台的接待员问道。

"我不需要帮助，"我说，"告诉我麦根的办公室在哪里就好了。"

她开始使用前台接待员的惯用话术："我去看看他在不在。"

走这种固定程序是为了提升地位等级。但我要做的，是在这里建立我自己的地位和框架控制，所以我当然不会把精力消耗在一个接待员身上。

我大步穿过前厅走向过道，接待员只好跟在我后面。她试图阻止我进入办公室，阻止我去拿回丹尼斯的血汗钱，所以我没有办法，只能一间间地打开所有办公室的门，问里面的人麦根在哪里。这里的人会叫警察来把我拖走吗？不过另一边，我的搭档已经准备好随时拨打当地警察和联邦调查局的电话了。

"唐纳德·麦根在哪里？！"我大声吼道。

上前阻止我的人越来越多了，但在找到麦根之前，我是不会罢休的。并且，没有拿到丹尼斯的64万美元，我也不会离开。

当我在大楼里一间间办公室地进行搜寻时，麦根始终藏在后门外，不想和我交锋。最终，他的儿子吉姆出面来"处理"这件事了。

吉姆·麦根，40岁出头的样子，身穿阿玛尼西装，显得自信而傲慢。他很高，低头看着我。我们坐在会议室里，他想立刻控制局面，于是用了一套话术来搭建自己的框架：这整件事情是有原因的。

这就是他的伎俩：他在使用分析框架，里面充满了事实、数据和逻辑。

而我准备了一个更高层次的框架，一个道德权威框架，可以避免被这些分析干扰。

"吉姆，你不能拿着丹尼斯的钱不放，"我告诉他，"我们的要求合情合理，你应该现在就把钱还给他。"

吉姆是个老手，我从他的眼神里能看出这一点。但是，他知道他的框架没有起作用，并且他一点也不想还丹尼斯钱。相反，这笔钱可能会在今天之内就打到麦根的律师账上，然后，我们就永远别想拿回这笔钱了。他知道自己在做什么。他仗着自己的地位和权威，自信地跟我解释所谓的事实。

我认为有一件事是值得肯定的：吉姆的分析框架搭建得非常完美。他不慌不忙，一副傲慢自大的样子，搞得好像不知道我们为什么要闯进来似的。然后，他开始对不能还钱进行看似合理、详细、到位的解释。

这就是分析框架的成形阶段。

他企图用专业术语把我们搞晕，以为这样就能把我们赶走，让我们空手而归。

我当然没有让他如愿。我带着道德权威框架而来——我们是正义的，他不是——如果使用得当，这个框架几乎不可动摇。这场框架之战开始了。他知道我的框架，我也知道他的框架。

接下来是第一回合。这是两个对立框架全力碰撞的时刻。你能感觉到——就像胃里袭来了一阵因焦虑而起的剧痛。在这一刻，你需要增强决心，全身心投入自己的框架中。无论发生什么事，无论你在这个场景中承受着多大的压力和不适，你都必须保持镇静，全力维护你的框架。我把这一步叫作"犁地"。所以，请你把自己想象成一头公牛，做好犁地的准备。一直向前推，不要停下来，不要有任何怀疑。你会看到，两个框架相互碰撞时，强势的一方总会是赢家。

我们没有在细节上纠缠太久。我盯着吉姆的眼睛，直截了当地说："我们要拿回丹尼斯的那64万美元，今天就要，立刻就要！"

他支支吾吾，抛出了一堆承诺、假话和从MBA课程中学来的空话。但我看穿了这些废话，而且我的道德权威框架是更强势的。

我继续往前"犁地"。

"看，"我说，"虽然你说了一大堆，但我一个字也没听进去。你的话一点实质意义也没有。别说了，现在就转钱吧。"他眨了眨眼睛，试图继续解释、争辩，为没有把钱转给丹尼斯找借口，比如汇款账号填错了之类的。但是，这种理性解释永远赢不了我的道德权威框架。

在某一瞬间，我看到了他脸上意识到事情不对的表情。他意识到自己的框架是弱势的一方。事实上，他也试图为自己建立道德权威框架。"我受够了，请给我马上离开这里，否则我要叫警察了。"

　　但已经太迟了。他已经选择了一个弱势的框架，并且对其投入了太多精力。现在，他要为此付出代价了。是时候了，我要给他致命一击，把他的框架彻底粉碎。

　　我拿出手机，拨通了同事萨姆·格林伯格的电话。我打开手机的扩音器，开始和他讨论如何让联邦调查局介入这件事。好戏开始了是吧？是的。在这一刻，吉姆·麦根意识到我们会百分之百地坚持到底。我激活了他鳄鱼脑里最原始的恐惧。一旦他开始害怕，我的框架就会击垮他的框架，他就会乖乖地听从我的要求。

　　"吉姆，让我跟你说说。"我对他说，"你应该看过电影里特警出击的情形吧。现实中也会是这样。联邦调查局的人会身穿防弹衣，持枪闯进这扇门。谁要是动一下，警察就会往他脸上喷胡椒喷雾，警犬也会狂吠，然后警察就会把他反手铐起来。你希望今天结束之前被五花大绑，满脸胡椒粉，被关在没有窗户的黑色警车里吗？还是选择另一条路，立刻给我们转钱呢？"

　　成功！这就是道德权威框架，充满着情绪化的逼真描述。此时此刻，我占据了制高点。我们的框架发生了碰撞，而我的框架吸收了他的框架。他唯一能选择的就是按我的意思去做。在这次博弈中，对方意识到，无论他采取什么行动，都会失败。这就是我最想要的结果。

　　现在，我成功获取了他所有的注意力。虽然这是在他的办公室，他的地盘，但我已经占据了制高点。虽然他手上还拿着我们的64万美元，但我牢牢控制着整个框架。

　　"吉姆，从现在开始，每隔15分钟，你都要给我一张转账单。这意味着——你给我听明白——每隔15分钟，我都要看到事情在往对我有利的方向发展。你要取消你今天接下来的安排，不能离开这间办公室。拿起你的电话，立刻给我们转钱。"

他在认真听我讲，我继续说。

"我要你马上把钱转到丹尼斯的账户上，立刻。"

控制了框架，并不意味着对方不会反击。这时你只要维护你的框架，并让它保持强势。继续往前"犁地"。吉姆又开始说MBA模式的废话，企图返回到他的理性分析框架上。所以，我加入了新的要求，以扩展我的框架。

"听好了，吉姆，别再说了。"我告诉他，"把你能联系到的朋友、家人和投资人的电话找出来，给他们打电话借钱。每隔15分钟，你就要给我一张转账单。"

这是巩固框架控制的关键。因为到目前为止，我每一步都没有走错，就没有必要再制造威胁或者把事情闹大了。框架已定，此时事情就要按我说的来发展。我的框架已经完全控制了现场的氛围，所以吉姆必须遵守以下几点：

1. 每件事的推进都必须和丹尼斯的钱有关；

2. 每隔15分钟，就要有对我们有利的事情发生；

3. 直到64万美元全部转账完毕，事情才会结束。

我陪着吉姆坐了6个小时，听他给同事、家人和朋友打电话。钱一点点地凑了起来（这里1万美元，那里1.5万美元）。

正如我之前提到的，当两个框架相互碰撞时，强势框架会破坏并吸收弱势框架。我控制着框架，让它从小处开始发起攻击，然后再逐步扩大，于是吉姆的弱势框架就崩塌了。他潜在的心理状态从傲慢和漫不经心变成了恐慌和绝望。他的地位持续下降。为了服从我的框架，他给丹尼斯筹齐了钱。我们带着64万美元离开了，任务完成了。

在接下来的几天里，我和丹尼斯以及其他受害者与当局通力合作，对西南交易所进行了突然袭击。多亏了我的框架知识，我才及时拿回了丹尼斯的64万美元。在这个事件里，我没有使用任何武力威胁，也没有动用任何权力手段。

虽然在法律意义上，这是丹尼斯的钱，但吉姆和唐纳德也许永远不应该把这64万美元还给他，因为这不符合他们将利益最大化的目的。如果吉姆真的认为我会打电话给联邦调查局，他就应该把钱转到他们的律师账上，因为这显然是他们父子俩能凑到的最后一点钱了。

此前我一直尊重人们天然的框架控制，但随着丹尼斯的64万美元被成功要回来，我觉得我可以更依赖自己这套理论行事了。

麦根父子总共骗走了130多名投资人的资金，总计超过1.8亿美元，其中一些人失去了毕生积蓄。这个案件也引发了无数诉讼。2009年，75岁的唐纳德·麦根因诈骗罪被判10年监禁。

这是一个框架控制的典型例子。还有很多我们还没讨论过的框架，接下来我们来看看时间框架及其应对措施吧。

时间框架

涉及时间的框架往往出现在社交互动的后期，特别是在有人已经建立框架控制之后。再说一次，通过观察，你可以很容易看出谁掌握着框架控制权。当你要对另一个人做出反应时，这个人就控制着框架；当别人要对你的言行做出反应时，你就拥有框架控制权。

你的对手通常会用时间框架来再次挑战你的框架，扰乱你，在你还没弄清楚状况的时候，出其不意地把框架控制权夺走。但只要你保持警惕，时间框架就很容易被打破。

当你发现大家的注意力开始分散的时候，你就要警惕时间框架的挑战了。此时你已经讲了好几分钟，现场的气氛明显开始冷却。在一开始，你讲的东西确实很有趣，但现在听众已经冷静下来，甚至可能有点无聊了。人类的注意力是有限的，这就要求你在讲话的时候必须做到简洁、明了、有趣。你将在第四章读到更多关于这方面的内容。

如果你在等待听众说出（或用肢体语言表达出）"我们只剩几分钟了，赶紧结束吧"，你就会失去框架控制权，因为你现在必须对此做出回应。

相反，如果你发现听众的注意力已经触底，那就对了。控制好时间，开始收尾吧。拖得太久或超过听众的注意力极限，只会带来软弱、无用和绝望。

在第四章中，我将深入探讨人的注意力。注意力是一种稀缺的认知资源，是很难被创造和掌控的。当听众缺乏注意力时，你得自己限制时间，学会以这样的方式收尾：

"嘿，看样子时间差不多了，我得总结一下，然后去参加下一个会议了。"如果听众对你感兴趣，他们就会让你把没说完的部分说完。

讽刺的是，大多数人在听众变得疲惫的时候，都会犯下这样的错误：

加快语速，试图把剩下的内容硬生生讲完。然而，他们并没有把更多信息传达给听众，反而导致听众接收不了多少有效的信息。下面是一个打破时间框架的例子。当你去拜访客户时，你可能会遇到以下这种情况：

客户："你好，嗯……我只有10分钟的时间，请进来吧。"

推销人员："非常感谢，谢谢您在百忙之中抽出时间来见我。"

这是一种常见的商务礼节，但其实这么说话是非常错误的。这样做其实是在将你的框架控制权拱手相让，增强对方的权威和地位，就好比在说："来，请碾碎我的框架吧，控制我，让我白来一趟。"

当你遇到这样的时间框架时，请立刻用你更强势的重视框架将它打破，当场让你的目标对象证明他的价值。

你可以这样说："不，我们公司不是这样做事的。除非我们互有好感，互相信任，否则并没有必要重新安排会面时间。我需要知道，您是不是值得合作的人，您能不能遵守约定，严格按照原有的计划行事。"

这样的话，对方可能就会说："好吧，你是对的。当然可以，我们现在就开始吧。我有30分钟的时间，没问题，请进来吧。"

于是，你刚才的举动打破了对方的时间框架，让对方意识到你的时间也很宝贵。现在对方开始注意你了，并且不会把你的拜访看作骚扰行为。

另一个你可能会遇到的框架叫分析框架。与时间框架一样，分析框架通常出现在第一轮框架碰撞之后，它会让你在即将成功时偏离轨道。这个框架非常致命，你得学会用亮点框架打破它。

亮点框架

你可记得有多少次，你正激情四射地进行着你的宣讲，突然有人开始深究技术细节？这就是分析框架在向你发难。对工程师和金融分析师来说，这种现象尤为常见。这个框架会让你的宣讲功亏一篑。

当你的听众开始深究细节时，你就会失去框架控制权。听众的认知热度会随着你的宣讲自然而然地降低，但一旦你要让他们动用新皮层去处理较为复杂的信息，他们的认知热度就会直线下降。解决问题、计算数值、统计数据以及空间想象等，都可以让听众的认知热度冷却下来。不要让你的听众在你宣讲的时候钻研数字或深究细节，这是最能冰封他们认知热度的行为。

你将在第四章中了解到，想要避免这种情况，关键是不要引发听众对细节的讨论和思考。然而，有时候宣讲时不得不提及细节，这时你就应该快速带过。

意识到人的大脑无法同时提高认知热度和降低认知热度是非常重要的。提高认知热度会带来期待、渴望或兴奋的感觉，降低认知热度则是"冷静"的过程，比如分析和解决问题。为了维持对框架的控制，你绝对不能让听众在你宣讲时分析细节。要做到这一点，你需要将技术性的内容和细节材料从你的宣讲中分离出来。

当然，听众肯定会问细节问题。他们认为自己需要了解细节。那么，如果有人要求了解细节，你该怎么做呢？你可以事先准备一些为这次宣讲的目标服务的汇总数据，并以此来回应他们。

你可以用概括性尽可能高的数据直接回应他们，让他们把注意力重新集中到你宣讲的内容上。

举个例子，在金融类的项目中，我会这样回答问题：

"营收8000万美元，支出6200万美元，净收益1800万美元。相关细节我们后续再详细讨论，现在我们需要关注的是：我们是否契合？我们能不能合作？这就是我这次来这里的目的。"

如果你正在推销一种产品，而对方关注的细节落在产品的价格上，那么千万不要让对方对此深入过多。你应该快速用高度细化的数据予以回应，然后直接回到合作关系的问题上来。

这就是在告诉对方：（1）我正在思考你是否适合我；（2）如果我决定与你合作，那么这些数字会在后续会谈中进一步讨论，所以不必现在就担心这种问题；（3）我非常在意将和我合作的人。

请始终让对方把注意力放在业务的合作上，细节稍后一定会详细讨论。在对方突然感到厌烦，并想用细节来提起精神的时候，这是最靠谱的应对方法了。

记住，你控制了框架，你就能控制对话的节奏，并决定游戏规则。

有时候，你做的事情并没有问题，但由于各种不可控因素，对方对你失去了回应的耐心，你和他之间的联系似乎正在消散。

当实质性的交流停滞的时候，对方会处于一种毫无回应的状态，就像精神恍惚或者在想什么别的事情一样。这是一种缺乏兴趣的状态，如果你能及时意识到这一点，并迅速采取行动，你就可以将其纠正。

如果你的宣讲并不那么有吸引力，这就意味着在你开始阐述一个概念之前，听众就能轻松猜出你想说什么，以及你会怎么说，这会通过他们的反应和肢体语言表现出来。

大多数聪明人都喜欢新奇有趣的事物。在他们看来，弄清楚一个新奇事物的来龙去脉本身就非常有趣，就像解答报纸上的每周趣味谜题一样。我们的大脑会自动寻找这种让人愉快的挑战。

在你刚开始向对方阐述你的想法时，你是在比较原始的层面向对方的大脑传达信息。如果对方同意与你对话，这就意味着他/她想说的是："这个谜题我有兴趣解答。"

没有人会认真听别人讲他们早已明白的事情。新奇感是驱动一次宣讲的基本动力——它就像一个吊着答案的钩子，让你自然而然地向听众传达这样的信息："对于你的问题，我有解决办法，我知道一些你不知道的。"这样一来，听众就会把注意力集中到你身上。这就是人们会愿意听取你的宣讲的原因。

在宣讲刚开始时，听众的注意力是很集中的。这是一个难得的时刻，但这背后的原因可能出乎你的意料。听众之所以会集中注意力，在最基本和最原始的层面上，是因为他们在寻找这样一个问题的答案：

"你想说的东西和我已经知道的事或已经解决的问题有多相似？"

如果听众发现答案与他们的猜想或预测相近，他们就会在精神层面退场。他们会体验到一种短暂的自我满足，因为他们弄明白了原来就是这么回事，没什么大不了的。

"退场"一词并不仅仅是指他们注意力不集中或思维涣散。在这种情境下，退场还指示着非常具体的现象：你正处于极度缺乏警觉性的状态，而这正是你需要避免的。

随着你的宣讲进行下去，随时都可能会有或多或少的听众能够解出你给出的谜题，找到答案，弄清整个故事的来龙去脉。然后他们就会离场。这就是为什么随着时间的推移，你会看到越来越多的听众在中途离场。

通常我们会总结说："哦，他们不感兴趣了。"但真正的原因是他们对你的想法有了足够的了解，这为他们带来了一种心理上的安全感——反正继续认真听下去已经不会有更多收获了。他们会认为，再与你进行任何层次的交流都是没有必要的了。

正如我之前所说的，大脑对信息非常挑剔。除非新信息是有价值的，否则它根本就不会关注。分析框架会严重破坏你的阐述，因为它只看重数据之类的东西，而忽视关系和理念的价值。这种框架不会掺入任何情感，也不会掺入任何人与人之间的联系。

打破分析框架，最有效的方法是使用亮点框架。在你会学到的四种类型的框架中，亮点框架的威力最大，因为它能控制更高级的认知功能，以唤起目标对象大脑中更原始的系统。

叙述性信息和分析性信息是无法共存的。就是不可以，这是完全不可能的。人类的大脑无法同时冷静地进行分析和热情地倾听叙述，这就是亮点框架可以发挥它神秘力量的地方。

当对方开始深究细节的时候，你可以用一个简短的相关故事来打破这个框架。这个故事你不能当场编造，而要事先准备好，并且要与你个人相关。你可以一直用这个故事。因为大家的鳄鱼脑都非常相似，故事里的亮点会对每个听众产生相同的影响，所以有这一个故事就足够了。

在这个故事里，你需要成为主角，这样就可以立刻让听众把注意力重新集中到你身上。人们会停下来，抬起头倾听你的故事，因为你在分享一些私人的事情。

当你分享你的故事时，一定要留些悬念，因为你要以此来制造亮点。没错，打破分析框架就是要通过一个发生在你身上的刺激的故事来引起听众的兴趣，然后用悬念让他们将注意力一直集中在你身上，直到你准备好告诉他们结局。

这个方法的用处绝对会超出你的预期。我不能直接给你一个故事，因为这个故事一定要和你有关。但我可以告诉你这个故事应该包含的内容。接下来我再给你讲一个我打破分析框架的故事，这样你就能知道该如何把各元素结合在一起，抓住并维持大家对你的注意力。

亮点故事

你的亮点故事应该包含以下元素：

1. 故事必须简短，且主题要与你宣讲的项目有关；

2. 你必须是故事的中心；

3. 故事中应该有风险、危险以及其他不确定性元素；

4. 故事中应该有时间压力——就像时间在一点一滴流逝，如果不迅速解决问题，就会有什么大麻烦一样；

5. 应该设置冲突——你要做的事被某种力量阻止了；

6. 应该会导致严重的后果——一旦失败，麻烦就大了。

我想告诉你的不是该不该讲故事，而是讲故事的时机——你意识到对方在构建分析框架的时候。你可以用这个故事推动对方跳出分析框架的思维。打破分析框架的方法有很多，其中两种方法便是让对方愤怒和吃惊。但在大多数社交场合，这两种方法都很不合适，所以还是用亮点框架比较好，更轻松、更有效。

下面就是我的亮点故事了，我会先把故事讲给你听，然后再告诉你我是怎么把这个故事讲给我的听众的。

我的亮点故事：波特维尔（Porterville）飞行事故。最近，我和我的合伙人以及我们的律师一起乘公务机出差。在离圣弗朗西斯科大约300英里的加利福尼亚州小镇波特维尔，有一个小型机场。虽然这个机场主要是为小型飞机服务的，但由于有许多商用飞机进出圣弗朗西斯科，因此空中的交通十分繁忙。这就导致每架飞机起飞时都必须经历一次陡峭的爬升，迅速进入繁忙的航道中。

在宣讲项目的过程中，我就不会用上述叙述方式来讲这个故事了。例如，当我前往本地机场的办公室时，我就用了另一套讲述故事的方法。我知道在场的听众都是飞行员、工程师和对喷气式飞机感兴趣的人，所以我在参会之前就准备了这个故事，以备不时之需。不出所料，我确实遇到了对方的分析框架的威胁，这时这个故事帮我轻松拿回了会议的主导权。

当听众的注意力开始转向分析性的问题时，我是这样说的：

"这让我想起了我在波特维尔遇到的飞行事故。不久前，我和合伙人飞往波特维尔洽谈两笔交易。你们都知道，那里有一个小机场，没有控制塔台，只能靠肉眼判断飞行规则。

"通常那里只会有单引擎飞行器起降，比如赛斯纳（Cessna）公司的捕天者（Skycatchers）和比奇（Beechcraft）公司的富源（Bonanzas），可能还有几架小型喷气式飞机。所以到达那里的时候，我们的大型莱格赛600（Legacy600）降落后，只能停在跑道最远的边缘了。但是着陆和起飞比起来，简直是小巫见大巫。

　　"由于波特维尔空域属于260英旦外的圣弗朗西斯科空中交通管制的范围，想要离开那里，就得快速爬升，迅速进入管制航道。我们预计起飞动作会非常剧烈。因此当飞机开始以极大的加速度起飞时，我们觉得这不是什么会出人意料的事。

　　"莱格赛600是喷气式飞机中的'肌肉车'，坐了你就知道它全力加速时的状态是怎样的了。所以在它全速上升的过程中，我们又重又深地陷在了座椅上。可大概在9000英尺高[1]的时候，飞机突然开始摇晃，随后竟然开始往下俯冲了！

　　"我们在几秒钟内下降了1000英尺。

　　"我的座位面向正前方，刚好朝向驾驶舱。门开着，我能看见飞行员。

　　"我们死死抓住自己的座椅，嘴上大声骂着。然后我们听到了警报声，一名飞行员说：'是TCAS（空中防撞系统）！是TCAS！'但当时我甚至都不知道什么是空中防撞系统。

　　"现在是怎么一回事？我想这是……死定了，我不知道……

　　"当飞机俯冲的时候，我透过驾驶舱的门看到正、副飞行员的双手都紧紧握在操控杆上。然后，飞机又开始急速爬升了，这两名飞行员好像打起来了，相互争夺着飞机的操控杆。似乎正是他们的这一系列动作导致飞机在短时间内迅速爬升，并且差不多5秒钟后，飞机又开始向下俯冲了。

　　"结果……"

　　然后我就回到了我的正题。为什么这个策略百试不爽呢？我可以给

---

　　[1]　英美制长度单位，1英尺约合0.30米。

你一个最极端的解释，就是听众沉浸在我的故事里了，他们的情绪被我完全调动起来了。当然，他们知道我们肯定还活着，但我激起了他们的好奇心——为什么飞行员会打起来？他们想知道这件事。在我告诉他们之前，亮点的吸引力就会增强，足以把他们从分析框架里拉出来。

根据我对这种方法的使用经验，对方的分析框架很容易被类似这样的故事给打破。这些故事高度情绪化，引人入胜，并且与当前的情境有关联。因此大家的注意力会重新回到我身上，让我按照我的计划、时间和主题完成这次宣讲。

在我完成宣讲之后，我解释了整件事情，好让我的故事能圆回来：

"结果这突然的俯冲是由自动驾驶系统内置的防撞软件造成的。它探测到另一架飞机正飞向我们的上升航线，因此计算机及时采取了避让措施，以避免撞机。这真是千钧一发，现在能站在这里和你们分享这个故事，我真的感觉自己无比幸运。

"飞行员们争夺操控杆的原因是副飞行员不知道计算机已经采取了措施。但更有资历、经验更丰富的主飞行员有相关经验，所以他想阻止副驾驶员手动操作。空中防撞系统的确发挥了重要作用。"

这个真实故事包含了亮点故事所需要的所有元素——故事很简短；有紧迫的时间压力；有险情、悬念和引人入胜的剧情（飞行员到底在干什么？）；而且它恰好与我这次要宣讲的项目相契合，我的听众就是机场的工作人员，接下来你会知道这一点。

也许，从更广泛的意义上说，我们分享趣事的原因不过如此：在情感上体验那些我们永远不想亲身经历的危险事件。这种与自身相关的小故事作用可不小，它在某种程度上反映了你的信息、你的特质和你的生活。所以，当你在准备故事的时候，请不要担心它会太过个人化。只要与你宣讲的项目有关，并且包含上述六个要素，这个故事就能让你如虎添翼。

别让分析框架使你冷场

使用亮点框架的关键就是要相信它的力量，它能够帮你摆脱分析框架的冷场效应。记住，如果你没有意识到对方分析框架的存在，对方就会把你的框架完全碾碎。分析框架会按照下面的思路看待你的宣讲：

1. 它只关注事实；

2. 它认为美感和创意毫无价值；

3. 它要求所有的陈述都必须有数字或统计数据作为支撑；

4. 它认为人际关系没有任何价值。

所以，请不要引导你的听众走向分析框架——让听众把注意力放在与你的情感连接上。你的亮点故事可以打破这种分析思维，用一种有趣的方式，用一种叙述性的交流，取代分析式的思考。

用悬念打破分析框架

让我们来回顾一下《大白鲨》这部电影。这部电影上映于1975年，导演是史蒂文·斯皮尔伯格（Steven Spielberg）。这可是一部经典之作，上映数十年后，光盘还能大卖。为什么这个故事如此成功？因为在电影的开头，斯皮尔伯格没有把鲨鱼拍出来。大白鲨潜藏在水里，给观众制造了一种恐怖和悬疑的氛围。它在哪里？下一次袭击会在什么时候？它到底有多大？

　　我们看到有人在水里进行着自己的工作。随后我们看到她不幸成了大白鲨的猎物，尖叫，挣扎，被拖入水下，最终消失在红色的血水中。捕猎者没有出现，我们不知道它什么时候会袭击下一个目标。这样的设定创造了极度紧张的氛围，让观众深陷其中。

　　假设《大白鲨》这么拍：这条大白鲨装有GPS定位器，我们随时都知道它的位置。我们知道它要去哪里，从哪里来，长什么样。当我们要捕杀它时，警察局长马丁·布罗迪和疯狂的捕鲨者昆特就知道该去哪里，对即将面对的情况早有准备。

　　这个定位器让整个故事的神秘感和吸引力完全丧失了。如果这个故事真的用这种方式来讲，肯定会让票房损失近10亿美元。知道鲨鱼在哪里，就没有悬念，没有震撼感了，观众就不会产生兴趣，电影也不会那么卖座。对你讲述的故事来说，也是如此。

　　善用出乎意料的故事设置和悬念元素，在故事的高潮点即将到来时戛然而止，吊足观众的胃口，直到你找到合适的时机再揭示结局。显然，这种技巧让斯皮尔伯格成为史上非常成功的导演之一；而在商务场合，这种方法对我有用，对你也一样有用。

重视框架：重新加载你我的地位

　　当对方想打压你，用框架不断威胁你的时候，使用重视框架就是一种很好的应对方式。当你使用重视框架时，你可以在对方眼中树立起更高的地位。用对重视框架，对方就会反过来追随你。

当你在别人的地盘上开始做推销时，搭建重视框架是你最先要做的事。当你的推销宣讲接近尾声，到了要做决策的时候，你成功与否就取决于你一开始如何建立框架，以及你的框架到底有多牢固。

想一想，如果你没有一个足够强势的框架，会发生什么。可能发生的情况之一就是努力打更多销售电话，对客户软磨硬泡。事实上，商业文化如今有一种风气，那就是销售人员不允许自己听到拒绝的回答。这是一种自上而下的压力，迫使销售人员马不停蹄，永远在追赶。

可能每个人都听做销售的朋友讲过这样的故事："客户不想要我的产品，但我从不接受他们的拒绝，所以我死缠烂打，直到他们最终同意买下我的产品。"

这样的故事近乎神话：通过死缠烂打，你就可以让客户买下你的产品。可惜这种做法很少能奏效，而如果你成功了，那你就是让客户做了肯定会后悔的决定。

在进行项目宣讲时也是一样，如果你认为你可以以咄咄逼人的姿态让对方让步，那你就大错特错了。

当我们追随别人或重视他人胜过重视自己时，我们其实就相当于把自己放在了从属地位，让自己处于劣势当中。虽然我们之前简单地讨论过这个话题，但我现在想向你更深入地介绍重视和重视框架的概念。

谁被重视，谁在追随谁，是影响大部分商务会谈的潜在社交驱动力。对这个问题的回答决定了各方当事人的动机，也揭示了各方的表现和姿态。基本原理是这样的：

·如果你想得到对方的尊重、关注和金钱，那么他就是那个被重视的主体。

·如果对方想得到你的尊重和关注，那么你就是那个被重视的主体。（这当然就是你想要的结果。）

使用重视框架，就是为了让目标对象明白他很普通，而你很特别。优秀的重视框架能让对方反过来追随你，主动要求参与你的项目。

为什么说重视框架很重要？

优秀的重视框架能让你在社交互动中从容不迫。你不必死死抓住对方不放，也不必烦恼该如何给对方留下好印象。更重要的是，重视框架能够减轻你觉得需要在互动中通过表演来获得嘉奖的心理压力。有人说，做项目宣讲就是在"表演马戏"。这让人产生了一种自我挫败感，就好像你是那个骑在马上跳圈的小丑，就差一条彩虹吊裤带和一个小丑鼻子了。

摆脱这样的心态是非常重要的一步。当你不再为钱而表演时，你的框架就会发生巨大的变化。

当然，我明白只有赢得客户或投资人的认可，你才能赚到更多钱，尤其是在投资人的办公室里，在他的地盘上给他做项目宣讲的时候。重视框架就像是你观察世界的窗户，通过它，你可以认识到自己的重要性：钱要来找你，而不是别人。你要相信自己有能力扭转局面。

重视框架为什么有用?

你宣讲的内容首先会进入目标对象的鳄鱼脑。正如我们在第一章中讨论的,鳄鱼脑会倾向于忽略你传达的复杂信息。但如果你有足够的活力,并且能够传达新奇的信息,那你就能抓住鳄鱼脑的注意力。只要抓住了它的注意力,它就会有以下两种原始反应:

· 好奇和渴望;

· 恐惧和厌恶。

通过这样一些简单的词语,我明白了一个很重要的道理:如果你触发了对方的好奇和渴望,对方的鳄鱼脑就会把你看作它想要追随的事物,这时你就成为会被重视的人了。

让我们来看看人类的三种基本行为模式:

1. 我们追寻离我们远去的东西;

2. 我们渴望得到我们不能拥有的东西;

3. 我们只看重那些难以得到的东西。

这些人性的基本规律在所有社交活动中都适用吗?我想是的。现在,你可以来看看我是怎么做的。如果你要在陌生人面前做推销,你就应该明白:推销者往往很容易给人留下急于达成交易的印象。同时,你可能会让别人觉得,想要得到你手上的东西非常容易。只要听众点点头,你就会屁颠屁颠地把剩下的事情都干了——很明显,为了让他们高兴,你什么都愿意做。

这种方法的问题在于,如果人们真的只看重那些难以得到的东西,而你却不难得到,那么这里面就没有任何挑战了。这么做的话,就意味着你得不到尊重。

如果你想从对方身上赚钱，那么这个问题就会更加明显。认为金钱至上是很常见的错误，而且是致命的错误。金钱永远不是最重要的，它只是一个普通的条件，一种达到目的的手段。金钱只负责经济价值的流通，从而促成人们之间的合作。

重视201：避免错误

只有满足某些条件，重视框架才能起作用。在"重视101"的部分中，你学到了两个基本原则：

1. 让对方向你证明他的价值。你可以这样问："我和你做生意的理由是什么？"

2. 保护你的地位。不要让对方更改会议议程、会面时间，或随意缺席。如果对方硬要做出这种行为，那就果断退出吧。

在"重视201"的部分，我会进一步给你建议：

1. 不断追问是很多人常做的事，因为我们所接受的推销培训都是这样的："那我们是不是差不多能达成共识了？"或者，"到目前为止，你觉得怎么样？"千万不要这样做，因为这会让你显得太过心急。不管怎么样，不断追问都是莽撞且无效的。

2. 相反，你可以花点时间回撤一步，佯装退出。你应该尽可能制造潜在的重视框架，这样你就不必费尽心思推进你的想法了。相比不断追问，你可以向对方发起一个小挑战（用幽默的口吻来说，否则就会显得不自然）："买家太多了，卖家只有一个，你要怎样吸引我的注意力呢。"我没有用问号是有原因的，因为你不是在寻求对方的确认。你不需要把它当作一个问题，而是要把它视为一个声明。发表声明而不是提出问题，这个习惯在谈判场上非常重要。这表明你不是一直在寻求认可。

3. 让你的目标对象完成某个合理的任务来赢得合作。例如，宝马旗下有一款M3特别版轿车，买家在购买时需要签署一份协议，承诺会保持汽车的干净清洁，以及进行漆面养护。如果你没有签署这份协议，宝马甚至不会把车卖给你。

4. 下面这些建议听起来像是那些天生的成功者说出来的，但它们是非常重要的事实：只有改变对金钱的态度，才能把重视框架的效果发挥到极致——你要充分意识到，在客户真正买下你的产品之前，金钱是没有意义的东西。当然，投资人的钱可能还可以拿去做些短期理财来赚钱，但这不应该是金钱真正该用的地方，投资项目和购买产品才能让金钱发挥它该有的价值。这在实际生活中是什么意思呢？可能有点抽象，但只要你把下面这句话嚼透，你就能理解了：没有你，钱什么都做不了。钱需要你。

当你结合"重视101"和"重视201"部分的建议时，你可能会觉得这好像是放着钱不赚。这么想很自然。请不要担心，使用重视框架并不意味着我们会放弃说服目标对象，我们又不傻。这只是意味着我们必须抛弃ABC（Always Be Closing）——"随时准备结束谈判"的观念，这是20世纪80年代的销售大师所推崇的。相反，你要认识到金钱只是一种商品，在哪里都可以得到，而无论从哪里得到，它的本质面目都不会发生变化。只要有这点认识，你就更有可能去拥抱ABL（Always Be Leaving）——

"随时准备离开"的观念。这样一来，你也会欣然接受随着这个观念而来的金钱。

金钱只是一种商品，你遇到的每一位银行家和投资人都会向你证实这一点。想象一下，投资人成了一种商品，一台印钞机。这么想其实是很有道理的，因为的确有很多地方可以赚钱，但你只有一个。在生意场上，你的项目也是独一无二的。如果你可以这样看待自身和你的项目，并以此为核心建立框架，你就会惊喜地发现你和投资人之间的社交气场完全改变了。

如果你想用简单、低风险的方式进入这种气场状态，你可以参考我在建立重视框架时常用的方法："我很高兴今天能与各位会面。一会儿我还要去别处开会，我们先开始吧。"这往往能为你开个好头，因为这句话告诉听众，像他们这样的人有很多，但你只有一个。

在开始对话的时候，请你找机会巩固你先前已经建立的其他框架。比如你可以强调你的时间宝贵，以此来巩固你的时间框架和重视框架。

如果有人询问了与主题相关但又偏向分析框架的问题，那你就可以用你的权威框架进行回应，告诉他这个问题可以稍后讨论，先让你把想说的话说完。

请记住，适度地运用拒绝、反抗和小幽默，能够有力地维护你的框架，巩固你的更高地位。幽默很重要，请不要忘记这一点，不然我保证你会有意想不到的麻烦。

第三章

地位

不管你的论证有多严密，观点有多精妙，逻辑有多清晰，如果你的地位不高，你就无法让别人集中注意力听你宣讲的内容。如果你的说服力不够，你的推销就很难成功。

从属角色陷阱很隐蔽，却是一种颇具威力的社交惯例。它会把你打进地位低下者的行列，让你难以翻身，在社交中永远屈居人下。你在大多数商务会面地点都会遇到从属角色陷阱，比如前台接待处、大堂、会议室，甚至很多办公场所附近的会面空间。

PITCH

ANYTHING

　　地位在框架控制中起着非常重要的作用。当你在框架碰撞中取胜后，别人看待你的方式对于你建立主控框架并维持你的地位至关重要。在大多数商务场合和社交场合，人们都没有很好地认识到这一点。礼貌相迎，遵守已有的商业惯例，或者在正式会谈前和对方友好闲聊，这些行为都不能让你赢得更高的地位。它们只可能让你赢得"友好"的名声，但对提高你的社交地位毫无帮助，甚至会降低你的社交地位。

　　另一个常见的错误是低估地位的价值。有人会混淆地位和魅力或自我价值的概念。他们错误地认为，卖力提高自己的社交地位是愚蠢或炫耀的行为。事实绝非如此。

　　但凡进入新的商务环境中，你的地位一开始都是比较低的，除非你是名人、有钱人，或刚做完公司有史以来最大的一笔生意。你越是努力融入这种社交场景，你所感知到的自己的社交价值就越低。

　　然而，适应环境并获得较高的社交地位非常重要。因为主次地位会影响人们之间的每一次互动——谁是主导者，谁是随从者。走进会议室做项目宣讲就是一个很好的例子，它完全展现了你的社交本能。在一开始的时候，主次地位还有待争夺。但这并不是身体上的冲突，而是对彼此社交地位的快速评估，有时甚至是即时的评估。在决定谁居于主要地位的时候，没有人会花时间研究谁最有势，谁最有钱，谁最受欢迎。这是一种在潜意识中对身份的即时判定。

在几秒钟内，为了自我保全，我们都会判断谁是这里的主导者。如果事实证明别人才是主导者，那么第二个更有价值的问题便是：在短时间内，我们可以调整自己的社交状态，从随从者变成主导者吗？

人们会迅速判断你的社交地位，而要改变他们的看法并不容易；但这很重要，因为地位为你搭建起了推销的平台。

如果你是在一个较低的平台或较低的社交地位上进行推销，那么你的说服力就会减弱，无论你的理念或产品有多好，你推销起来都会很困难。然而，如果你的地位很高，哪怕是暂时的也好，你就会有很强的说服力，推销起来也会很容易。

在此，我想表达的是，我已经自我验证过，也向他人证明过，你可以通过创造情境地位来改变人们对你的看法。让我们来看看，在我们平常的社交场景中，情境地位是怎样发挥作用的。

法国服务员

法国服务员的控场能力是举世闻名的。从你进入他们领地的那一刻起，他们就能搭建起框架，按照他们的意愿控制事情发展的时间和顺序。他们会把你原本拥有的地位推倒，按照自己的想法对待你，并在整个互动过程中牢牢控制着框架。只有在付了钱，给了小费，被领出餐厅大门之后，你才能拿回框架控制权。

几年前，我在巴黎的一家餐厅见识过法国服务员的框架魔法。事情发生在圣日耳曼德普雷斯大道上的利普啤酒馆。为我提供服务的人叫伯努瓦，他在这家酒馆从洗碗工开始做起，一路升到了领班的位置。他的父亲在二战前后曾在那家著名的左岸餐厅工作。关于这一带的历史，伯努瓦可谓无所不知。

伯努瓦会告诉你20世纪20年代，海明威是在哪个位置上完成他的大部分作品的。如果哪天他突然很大方，他会带你坐到那个位置（并预设你也会慷慨地回报他）。

伯努瓦熟知菜单上的所有菜品，能够向你介绍它们的配料以及烹调方法。但是对服务员来说，对菜单提出问题并不礼貌，你最好还是请他推荐一些菜品或者酒水。这里的酒单比菜单还长。这是他的工作，在这里，他是专家。

那一天，我是和一些朋友一起去利普啤酒馆的。我是请客者，所以我认为自己是有权威和更高地位的。毕竟，我是那个花一大笔钱买单的人。我想让领班和服务员知道我的地位，为我提供最好的服务。但领班老练地看了我一眼，好像在说："你们这种人我可见多了，对我来说，你们没什么区别。"

啤酒馆里的人开始多了起来，但还没有满座，所以我们不用等太久。领班低头看了看他的排位表，然后用他惯用的腔调说道："先生，我们过几分钟再安排您入座，请稍等一会儿。"但他没有动起来，而是低下头在排位表上草草地写了几个字，然后就开始无视我。

15分钟过去了，我看到好的座位渐渐开始坐满了人。我焦急地望向领班，他举起食指示意我再等1分钟。于是我回到朋友们身边，维护着我选择的餐厅，跟他们说这里的食物有多好吃。

我跟他们说："我向你们保证，好菜值得等待。"

终于，1分钟后，领班开始引我们进去："女士们，先生们，你们的座位准备好了。"

他安排我们坐下，递上菜单，告诉我们伯努瓦很快就会来为我们点菜。一名新服务员端来了水和面包，笑了笑，然后消失在人群里。

又过了15分钟，伯努瓦才出现，他做的第一件事就是向我展示他不会受我摆布的表情。"您知道自己想喝什么吗？"他看着放在我左手边的手工皮革边的酒单问道。我对酒单里的酒认识得不多，但作为一个请客者，我还是为大家点了一瓶很贵的酒。

这给了伯努瓦一个良好时机，他采取了一个微小但带有挑衅的行动，把更高地位的控制权从我手里夺走。你甚至肉眼可见这种权威的转移，干净利落，就像按下一键开关那样轻松：

"嗯……这位先生，我不认为这种酒是您最好的选择。"他做了个鬼脸，把酒单从我手里拿走了。

他这样让我很尴尬，我满脸通红。"虽然我们酒窖里的所有葡萄酒都是上等葡萄酒，但您必须选择更好的酒来搭配今天的晚宴。"说完，他扫视了一圈，和我的客人们做了眼神交流，却没有理睬我。

他向我的客人们提供了各种菜肴建议，几分钟后，他终于把注意力放回到我身上。他迅速打开酒单，用食指指了指符合他的标准的葡萄酒。他推荐的酒比我选的更便宜，所以我放弃了我的选择，接受了他的建议。

"您的选择太棒了，先生。"他向整桌人宣布道，仿佛做出正确选择的是我，而不是他。我成了笑柄，我的客人们都笑得很开心。

伯努瓦瞟了我一眼，好像在说："在这里，是我说了算！"

酒来了，伯努瓦拿出了那套历史悠久的上酒仪式：开瓶、尝味和醒酒。他用精湛而经典的手法完成了这些步骤，完全对得起这门手艺。我的客人们都对此深表敬意。在酒完全符合他的标准后，他才端给我——这一桌的请客者，让我品尝第一杯。

在这种时候，即便他给我端来的是陈醋，我也只能说是天赐的美酒，因为我要保全面子。

我不确定我是在生伯努瓦的气，还是说他真的把我变成了一个地位低下的傻瓜。伯努瓦轻松高效地获取了场景权威。

吸引了大家的注意力后，现在他已经完全掌握了我刚来时拥有的社交权威，于是他打算对权威进行重新分配，以进一步巩固他在我们这群人中的地位。

在伯努瓦有条不紊地控制框架、分配权威的时候，我见证着这场争夺游戏的循循展开：小挑衅，转移权威，让我看起来被耍得团团转。此时的我，被一个框架控制高手牢牢控制着。

我的客人们酒杯里都斟满了酒，这时其中一位闻了闻，然后问道："这是波尔多葡萄酒吗？"伯努瓦站得笔直，一只手轻轻搭在这位客人的肩膀上，说道："这位女士对法国葡萄酒很有研究嘛。这款波尔多葡萄酒产自一个被很多人误认为是朗格多克（Langedoc）的小地方。您的味蕾真是灵敏呢。"这句话正中我这位客人的下怀，让她的眼里闪烁着对伯努瓦的钦佩之情。桌上一片欢声笑语，而我又一次被忽略了。

让我们先暂停一下，回顾一下这位框架控制高手伯努瓦究竟做了什么。首先，他用简单且看起来无意的善良举动获取了场景权威，然后就将我晾在一边，把我孤立起来。

如前文所述，在社交层面，鳄鱼脑非常渴望获得接纳感和归属感。没有人喜欢被当作局外人，尤其是在自己还得给客人留下深刻印象的时候。

在排斥完我以后，伯努瓦利用他在这个领域的专业知识乘虚而入，让我看起来像个一无所知的傻瓜。随后，他又在他让我犯的"错误"里替我打圆场。

他知道，如果不先了解餐桌上都有什么菜品，就没法根据菜品来点合适的葡萄酒。但他还是让我先选酒，所以不管我点什么，都会是错的。真有你的，伯努瓦！

他指出了我的错误，然后迅速在餐桌上收集信息，以做出正确决定。他替我选了对的酒，更合适，也更便宜，然后却宣称是我做出了正确的选择。这是他在框架碰撞初期使出的把戏，以确保在短时间内从我手中夺走社交权威。

他的下一步行动是把我的客人们纳入他的框架阵营下，来巩固他的地位，所以如果我要挑战他，就会不可避免地误伤我的客人。

他等着有人来评价这瓶酒——无论是谁，无论怎么评价——然后毫不吝啬地赞美他，把自己获得的社交权威分配给对方。只要有人跟随了他的框架，其他人也会跟随过去。现在这里就是他的秀场了。你看吧！

回到餐桌上。正如我们所料，正餐很有水平，于是伯努瓦向我们推荐选择第二瓶酒，一种能够匹配菜品味道的好酒。伯努瓦在我们面前更加熟练了，他在餐桌周围走来走去，收集信息，提出建议，努力维护着自己的社交地位。我的客人们跟我说，这是他们吃过的最好的一顿饭。我感谢他们赏脸，也对伯努瓦感激地点了点头。一开始，我对伯努瓦可谓憎恨至极，但现在我竟然开始喜欢他了。

在服务员收拾餐桌时，伯努瓦消失不见了。我猜接下来还会有事情发生，但会是什么呢？10分钟过去了。伯努瓦去哪里了？我知道他肯定在准备什么事。

我猜对了，伯努瓦在为我们挑选甜点。不一会儿，一辆闪闪发光的银色手推车来到我们这一桌，后面跟着一辆装满白兰地和雪茄的手推车。再后面是咖啡车——服务员用法式咖啡研磨机给我们制作了新鲜的咖啡。

"女士们，先生们，我冒昧地为你们做了一道特别的甜点。"伯努瓦的意思是："请客者的脑袋和钱包已在我的控制之下了。"

"朗姆蛋糕，"他继续说道，"是我们最受欢迎的甜点，一种用奶油、朗姆酒和一点点糖做成的清甜蛋糕。请享用吧。"

餐桌上响起了掌声，伯努瓦用他娴熟的技巧切分了蛋糕。到了这时，我完全被伯努瓦控制这件事真的不再重要了。我笑了笑，松了口气，决定让伯努瓦待会儿见识见识超出他认知的巨额小费。事实上，到了这种地步，给小费是我仅有的表现机会了。

我的客人们都很高兴，晚宴也在享用咖啡和白兰地中渐渐进入尾声，这时伯努瓦开始慢慢地向我归还部分社交权威。理由很明显：要结账了，我觉得花费肯定很惊人。

"女士们，先生们，今晚很高兴为你们服务。"伯努瓦说道。他灵巧地把一个银色的小托盘放在我的左臂附近。托盘上有一张很小的纸片，是面朝下的，由一个银色的鸢尾花镇纸压着。在这么小的一张纸上不可能写下详细的账单，肯定只有一个数字。当我的客人们纷纷热情地和伯努瓦拥抱握手，以示感谢时，我设法看了一眼账单，就像玩扑克牌一样把账单一角翻了起来，不敢表现出任何反应。

账单上的数字并没有那么惊人。

考虑到伯努瓦今晚的表现，以及他一整晚对场面的控制，我以为他会坑我一大笔钱。他完全有能力这样做，但最终，他选择了克制，而不是肆意妄为。现在，我由衷感到高兴了，把刚刚想给他的小费金额又往上加了一些。

领导角色和从属角色

不管你的论证有多严密，观点有多精妙，逻辑有多清晰，如果你的地位不高，你就无法让别人集中注意力听你宣讲的内容。如果你的说服力不够，你的推销就很难成功。

现在开始意识到了吧，推销任何一种理念或产品都涉及复杂的地位操纵游戏。在我谈论赢得游戏的方法，以及输掉游戏的原因之前，我要介绍一下地位最高者所拥有的真正优势，即领导角色优势。领导角色型的人在社交活动中受到的关注度是最高的，即便他们并没有专门以此为目标。当他们提出要大家注意时，大家的注意力就会立刻被吸引过来。他们说的话，都会被认为是正确的，其主张也不会受到质疑。有大量证据表明，团队中的领导角色是会被绝对信任的。为了证明这一点，研究人员进行了一项测试，让穿着高级商务套装的男人在不安全的情况下横穿繁忙的马路，普通的行人往往会因为男人有较高地位的假象，也跟着进入这块不安全的地带。然而，与之相反，衣衫褴褛的人是没有人会跟随的。

当你在社交活动中处于较高的地位时，你是能感觉到的，同时你的社交对象也是能感觉到的，所以请不要低估地位在整件事中的重要性和价值。

40多年来，销售培训师一直在为普通的销售人员（那些社交价值较低的人）传授销售技巧，帮助他们争取和客户会面以及建立短期合作的机会，把商业交易包裹在浅薄又脆弱的情感之下（他们将这称为建立客户关系，但它对提升你的社交地位没有任何帮助）。除非他们足够幸运或有恒心死缠烂打，否则没有任何机会拿下一单生意。

早在20世纪七八十年代，这些方法还可以奏效，但即便是在那个时候，也只适用于那些坚韧的A型人格[1]的人。到了现在，这些培训机构的研讨会还在用流程导向的推销理念来教育一批又一批雄心勃勃的销售人员。现在如果还有高管不熟悉建立客户关系、推销产品特性和优点、消除客户疑虑以及收尾谈判等销售技巧，那就显得非常稀奇了。

于是，这套流程驱动的推销理念在流传了数代以后，其中的套路慢慢被消费者看穿了。销售人员只要使用这些套路，消费者立刻就能觉察出来。即便是当时的黄金指南，放到现在也已经成为老生常谈了，消费者对这些推销技巧筑起了高高的防范心墙。这套防御机制被称为"从属角色陷阱"，意思是相对领导角色来说，你一直被目标对象（买家）视为从属角色，于是你从头到尾都没办法攻破这道心墙。

---

[1]　美国学者将人的性格分为A型和B型。A型人格的人争强好胜，雄心勃勃；B型人格的人与世无争，对事泰然处之。

没有什么比坐拥较高的社交地位更容易让人成功的了，但好在你不需要是名人或富豪，也可以享有较高的社交地位。有很多方法都能让你创造较高的地位，而有了它，你就可以吸引¹并保持任何一个人的注意力了。

提高社交地位的第一步，就是避免落入从属角色陷阱。

从属角色陷阱

在日常社交和商务场合，与从属角色相比，领导角色能够获得更多自己想要的东西。领导角色发号施令，规定秩序，花最少的力气就能得到他们想要的结果。对他们来说，在情感上和经济上保持在社交群体中的最高地位，是非常重要的。

有人身居高位，就有人会觊觎，领导角色不得不随时准备好迎接挑战，以维护自己的地位。作为金字塔塔尖的人，他们的地位经常受到威胁，因此他们不得不通过对员工和同事施加权威来保护自己。他们让下属为他们跑腿，给他们端咖啡，做他们不想做或者他们认为不合自己地位的事。这些都是维护自身地位的比较体面的行为，而有些领导角色的做法则更为恶劣。

这些人在自己的工作领域里，为了在更高地位的人面前保护好自身的地位，会给自己建立起一道社交屏障，以转移或降低对方对他们地位的威胁。

从属角色陷阱很隐蔽，却是一种颇具威力的社交惯例。它会把你打进地位低下者的行列，让你难以翻身，在社交中永远屈居人下。你在大多数商务会面地点都会遇到从属角色陷阱，比如前台接待处、大堂、会议室，甚至很多办公场所附近的会面空间。

让你第一次遇到从属角色陷阱的地方往往是大堂。大堂是用来欢迎访客的，对吧？事实上，从你进入办公楼大堂的那一刻起，你在整个拜访过程中的地位就在被降低。

你肯定很熟悉他们的做法，下面这些情况你也应该经历过不少。

假设你和目标对象约定在一栋办公楼里见面，你进入办公楼大堂，来到前台接待处。接待员抬起头来问道："您好，需要帮忙吗？"然后在你回答之前，立刻又接了一个电话。于是你站着等待，从接待台上的托盘里拿起一张名片。接待员把电话转接了出去，又回过头来问你："先生，请问您有什么事？"

你说："我和比尔·琼斯约了两点整在这里会面。我想我之前和你联系过，你当时确认了……"

接待员看都不看你，机械地说道："请先在来宾簿上签名。这是您的访客卡，务必全程保管好。请稍等几分钟，比尔的助理会来接您。"随后，她又转身发起了手机短信。你在大堂里坐下了，桌子上满是折角的商业杂志和旧报纸，表明像你这样的人会经常来这里。

这一系列流程，翻译成白话便是这样的：请乖乖听我的话做一个好推销员，过会儿你会得到一瓶水，一次短暂的会面，一个含糊的承诺——在你离开后"我会详细看你的材料和信息"。当你遵守这种办公楼权威惯例时，你就是在向目标对象发出信号：我就是你的从属角色。

下午2点10分，一个年轻的助手走到你面前说道："您好，鲍勃有事耽搁了，应该不会超过10分钟。那边有水和咖啡，请自便。"一眨眼的工夫，她就已经走了。

　　你的目标对象姗姗来迟，象征性地向你表达了歉意，然后告诉你他现在只有几分钟时间，来不及看你的材料，而且最终的决策者也没办法参加会面。对不起，到了这个份儿上，你已经深深地陷入从属角色陷阱了。无可奈何，还是回家吧。

　　这种情形真打击人的积极性。然而，无数人就是这样安排商务会面的。这就是在浪费时间，因为结果很明确，且毫无意义。

　　另一个常见的让你陷入从属角色陷阱的地方是会议室。如果你到达的时候，会议室里空无一人，你通常会独自待上几分钟，一边等目标对象来，一边调整自己的状态。当对方刚进来时，气氛通常不会太差，你们轻松寒暄、微笑和握手。对对方来说，这是一件高兴的事，因为他们现在可以从工作中解放出来，来到一间宽敞明亮的会议室，欣赏今天的表演了。毕竟走进马戏团的帐篷，在场边坐下的时候，谁会心情不好呢？他们知道表演要开始了，他们将迎来一段放松和愉快的时光。

　　当那个你真正要见的决策者迟迟不出现的时候，在场的人会把你排除在交流之外。有些人聊起天来，就好像你这位客人不在场一样，这不仅让人生气，还让人觉得极度不受尊重。在这种情况下，你就是别人地盘上的"小丑"，你的价值完全取决于你为对方带去乐趣的水平。你没有任何地位可言。

　　还有些客户会约在一些公共场所会面，比如"我们去喝杯咖啡吧"，他们说着，就把你领进了一家自助餐厅或附近的咖啡馆。在那里，你和排队的人闲聊，暗自为谁来买单的问题而犯难。你们就近找了个位子坐下，周围坐了十几个陌生人。这简直就不是推销的地方。

　　你的地位级别为零。你被别人掌控了，得按照别人的安排行事。现在，你不过是他们无聊的一天中令人愉快的社交插曲。但你还是选择忍耐，相信自己和自己要推销的产品。你终于开始了你的推销，进展得还算顺利。这时突然有人走到你的客户面前，开始跟他攀谈起来，就好像你不存在一样。"嘿，吉姆，最近怎么样？"这位不速之客边说边握着你客户的手，根本没把你放在眼里。"你收到我关于达拉斯货运延误的邮件了吗？"他们又继续聊了一阵子，在这期间，你只能眼巴巴地看着他们。

最后，这位不速之客终于要去找别人了，这时你的客户才回过头来看你。他面无表情，眼神空洞，大脑几乎停止运转了。"我们刚刚说到哪儿了？"他问道。

还需要我继续说吗？

这个过程中发生了很多次框架碰撞，但是你一次也没有赢下来，因为你无法控制局面。

一般来说，公共空间是我们会遇到最为致命的从属角色陷阱的地方，应该极力避免。对推销来说，除非万不得已，否则千万不要选在咖啡厅。另一个常见的会让你陷入从属角色陷阱的挤满人的地方是商业展览会。

如果你参加过商业展览会，你就会知道在一个小小的展位上进行推销的效果有多差，即便在展会大厅也是一样。展会大厅里让人分心的事物太多了，即便是框架控制大师，也没办法吸引听众的注意力超过几分钟。展会大厅里有噪声、有广播，有来来往往的人，而这些人只是一味地收集免费试用品，来装满自己色彩鲜艳的手提袋。

如果你要在商业展览会上约人推销，那你可以租一间贵宾室或酒店会议室，哪怕借用别人的办公会议室也行，反正不要在展会大厅直接开始推销。

展位上的推销人员常让人觉得他们头上有块广告牌，写着："我需要施舍！"他们就像被关在宠物店笼子里的可怜小狗，或是收视率极低的深夜节目的主持人。想要用自己的小点子把客户吸引到那区区几平方米的小展位上，打动他们，简直就是做梦。

本顿维尔（Bentonville）的从属角色陷阱故事。在阿肯色州的本顿维尔镇，从属角色陷阱的艺术简直被发挥到了极致。你可以称之为"框架粉碎机"。

在从属角色陷阱的设计、构建和执行上，沃尔玛处于世界领先地位。在他们位于本顿维尔的总部，你会看到最有效的打击推销人员的方式。无论你能给对方带来什么合作机会，无论这些合作机会的价值有多高，要想和沃尔玛做生意，你都必须经历一个被碾压地位的过程。而他们搞这么多框架控制手段，就是为了拿到更低的价格。

要是觉得我夸大其词了，你可以到本顿维尔西南第八大街702号看个究竟。走进大堂，你会看见两个巨大的接待台，分别放置在大堂两侧。远处有一个接待区，那里摆满了学校常见的那种带有写字台的椅子，以便让需要的人坐下来填表。四周摆满了垃圾零食的自动售卖机，可以让人快速补充能量，以面对接下来要发生的事。

在两个接待台之间，是一条通往另一个区域，装饰着沃尔玛标志的闪闪发光的蓝色走廊，两侧有很多小会议室。这些会议室都配有一扇门、一扇窗、一张小桌子和四把小塑料椅子。这些房间就是沃尔玛的采购人员与供应商见面的地方。

让我们来看看公司的流程。首先，你要签到，领取访客证，然后被告知在大堂等候。你可以随意进入接待区，在那里，你可以在自动售卖机上购买糖果和沃尔玛品牌的饮料。这时，你要会见的人才被通知你已经在大堂等候了。当沃尔玛的采购人员准备好与你见面时，你会被传呼到接待台，然后走到指定的会议室，他们会让你在那里等待你要见的人出现。当你被人带到指定的会议室时，沿路你可以透过一个个会议室的小玻璃窗看到其他供应商。当你到达你的会议室时，他们就会跟你说，你需要待在这里，直到你被请出去。最后，他们关上了门。

终于，有一两名采购人员走进来了，你们的会面即将开始。会面时间很短，讨论主要集中在价格、供货量、物流上，以及你是否具备支持沃尔玛服务的经济能力，然后再回到价格上。价格被他们系统性地越压越低，而供应商要提供的物流和产品支持服务的要求却被越提越高，直到你没办法接受为止。这时，沃尔玛的采购人员才会做出决定（买还是不买），然后进入产品目录上的下一项议程。

沃尔玛把框架控制得这么紧，即使是最好的推销技巧，对你来说也没什么帮助。沃尔玛把所有东西都变成了商品，每一种商品的获得流程都被他们固定下来。沃尔玛利用场地、规模和支配心理进行采购，创造了自由贸易企业史上最有成效的"框架粉碎机"。

这是一个极端的例子，展现了从属角色陷阱如何把你的权威剥夺得一干二净，让你没办法做成一笔漂亮的生意。传统的推销技巧也许有点帮助，但因为你处于劣势，你不能控制框架，因此只能等待对方的怜悯。

为了扭转劣势，你要有足够的自信心和说服力。你需要被迫使用恐吓、操纵和哄骗的方法来让对方做出购买决定，这正是传统推销技巧重视用压力来促成交易的原因。

大多数人都没有足够的耐性和胆量，反正我没有。要为拿下一两个订单打100个销售电话，这谁受得了呢？

当你陷入从属角色陷阱时，你唯一的办法就是情感操纵了。在最好的情况下，这个方法真的奏效了，也许你还能达成一笔交易。但你的成功靠的是运气，其本质结果还是不尽如人意，因为买家并不是真的想买。他现在这样做是为了让你高兴，但事后必然会后悔（这就是"买家懊悔"）。

让我来告诉你一个更好且更自然的方法来获得业务合作机会吧。其实你仅仅需要提升你的社交价值，而这件事比你想象的要容易得多。

心脏外科医生和职业高尔夫球手。大多数高尔夫球手都是通过开培训班、运营高尔夫球俱乐部、经营球场和售卖高尔夫球装备来赚钱，而不是给菲尔·米克尔森（Phil Mickelson）这样的巡回比赛选手当球童。在美国，"职业高尔夫球手"指的是经验丰富且能够辅导别人打比赛的高尔夫球手。这份工作很有趣。无论怎么说，做职业高尔夫球手都是一份好差事。你会在户外工作，教人们打高尔夫，并因此得到报酬。羡慕吗？但其实他们的薪水并不高。并且做一名职业高尔夫球手并不会给你带来多少附加地位价值。也就是说，当有人问你是做什么的的时候，你说"我是职业高尔夫球手"，这和说"我是CEO""我是医生"或"我是教授"差别很大。实际上，这更像是在说"我的工作不稳定"，这可不能给你带来什么声望。

我们该如何理解这件事呢？职业高尔夫球手是否就不如医院里的心脏外科医生有智慧、有社交能力或有声誉呢？

当然不是。唯一的区别就是职业高尔夫球手的社交地位要低一些。社交地位是对他人价值的一种人为衡量标准，是基于一个人的财富、受欢迎程度以及权力大小等因素构建的。这并不是我提出来的法则。这就是我们在实际生活中衡量彼此的方式。与心脏外科医生相比，职业高尔夫球手赚不了多少钱，这就使得其社交地位更低一些。

但还有其他可能吗？当心脏外科医生跟着职业高尔夫球手上课的时候，他们的地位就发生变化了。这时，情境地位开始发挥作用。在高尔夫球场上，医生的财富、权威和声望都变得无关紧要。情境发生变化，社交地位便随之发生改变。一旦心脏外科医生进入了职业高尔夫球手的领域，他的地位就下降了，而职业高尔夫球手的地位就上升了。只要医生还在这个领域内，这种地位变化就一直有效。

此时高尔夫球手的情境地位突然高了许多——比他与医生在停车场相遇时要高得多。高尔夫球手告诉医生应该做什么，什么时候做，怎么做。如果这位医生不听话，高尔夫球手就可以训斥他。仅仅因为领域变化，他们俩的角色就发生了转换。正是在这种角色转换里，我们看到了情境地位令人意想不到的威力。

你可以想象一下这种可能性：你的社交价值会随着你所处的环境而发生改变——当然，这种环境也可以是你创造出来的。如果你希望随时随地提升你的社交价值，那你可以尝试将人们引导到你的地盘，从而实现你的目标。这其实很简单。

我们在社交层级中的地位并不是固定的。虽然我们在大环境下的社交地位可能不会发生太大的改变，但我们可以调整我们的情境地位，以便在需要的时候暂时为自己创造一个更高地位的条件。虽然只是暂时掌握大权，但我们也可以像那些有较高经济或政治地位的人一样，高效达成目的。

这就是创造场景权威的思路。这一点至关重要。有了场景权威，你就能说服那些对你一无所知的听众。能否为自己创造出场景权威，确实能够决定你的推销是成功还是失败。

　　我们给他人的第一印象是基于对方对我们这个人社交价值的自动判断。作为一种生存机制，对方的大脑会优先思考你的社交地位。对方可能会非常草率地用这三个衡量标准做出判断：你的财富、你的权威和你的知名度。基于这个快速的心理活动，这个人就会把你放进不同的社交地位等级里。有了这个计算之后，框架就定下来了。这个人甚至不一定会意识到自己思考过这个问题。在之前提到的实验中，那些跟在那个穿着高级商务套装的男人后面乱穿马路的人，并没有专门停下来想过这个人的身份，也没有想过跟在他后面能否安全穿过马路。人们只是通过自动判断得出他的社交地位不低的结论，于是自然地跟随他行动。

提升你的社交地位

　　和目标对象会面时，你要做的第一件事就是建立场景权威。

　　如果会面地点刚好是在你的主场，就像职业高尔夫球手和法国服务员，你就可以利用自己的专业知识和丰富经验迅速占据更高的地位。

　　如果会面地点是在对方的主场，比如对方的办公室或其他地方，你就必须学会压制那个地位更高的人，暂时夺取他的场景权威，将它分配给在场的那些会支持你的人。

　　我已经给出了两个关于情境地位的例子以及争取场景权威的方法。现在，让我们看看当目标对象带着权威框架向你逼近时，你该如何提高自己的地位。

对冲基金经理

几年前，我与对冲基金经理比尔·加尔有一次会面。这次会面是由我们共同的朋友丹安排的。我提前了几分钟到达，在大堂的前台登记后，我立刻意识到自己陷入了从属角色陷阱：请在出入登记表上签名，这是您的访客证，找个地方坐坐，喝杯咖啡，过一会儿就会有人来接您了。

环顾整个大堂，我迅速了解了一下情况。绿色大理石地板，现代风格的金属皮革家具，丰富的装饰，所有这些设计陈设都在传达一个信息——我很有钱，我很有权，害怕我吧，敬畏我吧。我知道此时此刻的局势：我正站在一条传送带上，径直被送往"地位粉碎机"里。相信很快我的额头上就会被盖上从属角色的印章。我只有15分钟的时间和比尔会面，然后就会被送出大门。直觉告诉我，在我们之间的第一轮框架碰撞中，这里的环境不会给我力量。在等待比尔的时候，我开始寻找另一种获取更高地位和控制框架的方法。

终于，有位助理把我领到了比尔的办公室。这里的奢华程度跟外面相比，又上了一个档次了。相比比尔的私人办公室，大堂就像一个建筑工地那么简陋。柚木家具，波斯地毯，钛合金和玻璃隔板，还有几十幅比尔与多位政要或名人的合影被精心装裱挂在墙上。从窗口望去，贝弗利山庄的风光可以与穆赫兰道（Mulholland Drive）上的好景相媲美。

"请坐吧。"比尔说，他看着桌子上的文件，头也没抬一下。我挑了一个靠窗的位置坐下。"不，到这儿来呀。"他指着他办公桌前一把低矮的椅子跟我说。我一边坐，一边想：这大概就是秘书坐的地方。

比尔是个比较传统的人，他喜欢厄老派的方法表现自己的权威，比如让别人坐得比他矮。而此时我内心是很兴奋的，因为我知道他把自己看得越高，他掉进我的圈套里时就摔得越重。但我能感觉到，要让他进圈套，着实是一个挑战。

比尔对着他的电话按下按钮说道："格洛丽亚，请把马丁和雅各布叫进来。"过了一会儿，两名机灵的常青藤学校毕业的优等生小跑着进来了，他们分别坐在我的两侧。我想，这下我被包围了。干得漂亮呢，比尔！

比尔把手伸进餐柜上一个特别的印着"让·科克托"（Jean Cocteau）[1]的陶瓷碗里，拿出一个大大的红苹果。他让我稍等一会儿，然后让格洛丽亚给一个人发邮件，因为方才他忘记给这个人打电话了。终于，他转过身来对着我和他的两个下属。只见他把一只脚靠在书桌的抽屉上，朝着苹果大口咬了下去。当他坐在书桌上准备伸手拿餐巾纸的时候，我看到了第一个机会。

他嚼着那口苹果，我就开始尝试控制框架："大家听好了，我只有15分钟时间，所以我们马上开始吧。这是我们要谈的项目……"我很快地向他们简要介绍了这个项目，但这力量微弱的尝试并没有取得多大的效果。我们之间的地位相差太大了，框架控制并不能改变什么。可以看出，比尔清楚地听着我说的每一句话，但他似乎对手里的苹果更感兴趣。鉴于刚刚

---

[1] 法国诗人、剧作家、导演。

还算开了个好头，我的项目宣讲有条不紊地进行着，不过我的地位还是太低了，根本没有机会推动项目合作走向成功。

于是我对自己说：你不是很擅长应付这种场景吗？不要因急生错，要耐心等机会。

等啊等，我终于等到了那个黄金时机。这么多年来，我处理过很多类似的情况，但难度都没有那么高。我有了一个念头，似乎知道该如何用简单的行动打破比尔的框架，吸引他的注意力，并为自己建立更高的地位了。

我说："我需要一杯水，失陪一下。"说完，我就跑去了进来时看到的茶水间。我拿了一杯水、一张纸巾和一把塑料刀。我想，如果这招还不管用，也许比尔就会抢过这把刀宰了我吧。

我走回比尔的办公室，但没有坐下。我说："听着，比尔，我希望这不是你谈合作的方式。"我朝他已经咬了一口的苹果走去。

"在真正的合作里，每个人都会分到一杯羹。我们的合作应该是这样的。"

我伸手去拿桌上的苹果，问了一句："我可以来一点吗？"不等比尔回答，我就把苹果切成两半，自己拿了一半。

当我把剩下的那半个苹果放回比尔原先放的位置时，你可以感觉到房间里的寂静。两个小伙子马丁和雅各布都惊呆了，而比尔正充满恶意地盯着我。我咬了一口苹果，嚼了起来，并夸这苹果很好吃，然后对公平合作发表了一点自己的看法。随后我完成了宣讲，就像在客厅里和朋友们聊天一样，表现得既自然又随意。

从那一刻起，在场的三个人认认真真地把我说的每一个字都听进去了。我集中精力将我在项目宣讲中最擅长的部分展现出来。像伯努瓦或职业高尔夫球手一样，我努力建立着自己的场景权威。

我讲完以后，比尔还没来得及说话，我就开始将自己往外拉了。"哇，看看时间，"我看了看表，开玩笑似的说道，"我得溜了。听着，谢谢你们今天花时间来听我的宣讲。如果我今天说的对你们有价值的话，请再联系我。"

当我伸手拿走我的资料，并开始把椅子推回去时，比尔挥了挥他的手臂说："等等，等等。等一下，奥伦。"随后大笑起来。这让马丁和雅各布变得没那么紧张了，他们也对着老板尴尬地笑着。而我尽量绷着脸坐着，等比尔笑完。

"我现在终于明白为什么丹推荐你来见我了。听着，你再告诉我一遍，除了你，还有谁参与了这个项目？"

这就是我要的结果。在接下来的20分钟里，我回答他们的问题，并与负责了解情况的分析员马丁和雅各布交换了信息。这期间，我继续表现出想要离开的样子，比如看看手表，好像在担心接下来的会议要迟到了。

最后，我起身要走了。和比尔握手告别时，他说："等马丁和雅各布把账算好以后，我就加入项目。"

这个例子表明，把一个人从高地位拉下来，只需要一个动作，这个动作需要你精心策划，选择恰当时机，表现友好态度，最好还要有点社交威慑力。就在那令人震惊的一瞬间，大家还没搞清楚你刚刚做了什么事的时候，你的框架就占据了上风，随后你的地位也开始上升了。

为了保持我构建好的框架，在"抢吃苹果"这一小把戏后，我忽略掉了所有对项目没有帮助的信息。这是一个关键点。一般来说，你要无视那些与项目无关的话题，放大那些支持项目的话题。所以，我一直在谈论项目本身——你会在第四章看到我讨论这一点。

让我们来回顾一下当天在比尔的办公室发生的事吧：

1. 刚到比尔的办公室时，我没有框架控制优势，是一个从属角色。

2. 我用一个不太友好且稍微有点让人震惊的行为来创造框架碰撞的新机会。

3. 当我这个举动的余波渐渐消退的时候，目标对象的注意力并没有移开——请相信我，当你做出这样的举动时，对方的注意力是肯定不会分散的——我继续提升自己的地位，像电子游戏玩家一样不断收集通关的能量，以便晋级。你越快提升自己的地位，你可选择的余地就越多。

4. 吸引了在场者的注意之后，我便将注意力转移到构建我的场景权威和领导角色的任务上了。

5. 我利用信息优势将框架碰撞的范围迅速缩小到我的专业领域，以此获得场景权威，并让框架无懈可击。因为我是专家，所以没有人能质疑我说的东西。

6. 我顺势利用我获得的场景权威，通过我的努力、领域专长、道德权威，很快将宣讲提升到了一个新的层面。我们稍后将讨论到这一点。

7. 在完成宣讲之后，我就做好了退出的准备，直到我真正离开办公室。不过，这是在我设定了锚点，并明确了自己的条件之后。

这套方法适用于所有在别人的主场所进行的推销。

还有一些要点我们不能忽略：

· 如果你认为自己在会面中将作为从属角色，那么请一定不要迟到。如果你迟到了，就相当于把自己的一部分权威拱手相让。如果你没法遵守最基本的商业规则，那你就很难建立起牢固的框架。

· 你的势头很关键。请快速构建更高的地位，不要犹豫。请选定一个框架，在最适当的时候和对方一决高下，而且要尽早。你等待的时间越长，对方的地位就越牢固。

· 请避开那些强化他人地位的社交礼节。无意义的社交闲聊会降低你的地位。

· 请保持幽默，让大家喜欢你，享受你的宣讲。享受自己工作的人每时每刻都在散发魅力。这股气场会将大家吸引到你身边，让你能够建立更坚固的框架，并更长时间地控制框架。

正如我们所说的，当你在社交中处于更高的地位时，你就能占尽便宜。当你是领导角色时，你就能一帆风顺。别人会相信你说的话，你表现出来的情绪会影响在场的所有人。最重要的是，当你说话或做手势时，甚至是你看起来想说话或做手势的时候，人们都会把注意力转向你。

你只要记住，这一过程旨在建立和获取情境地位，而这只是暂时的地位。一旦你离开了这个社交情境，它就消失了。如果你再回来，哪怕你只离开了5分钟，你都需要从头开始重建你的地位。

并且，你是没有办法获得整体的社交地位的，即一个人在整个社会中的社交地位，它是一个人凭借自己的名誉与声望构建起来的，是一个人的财富、名气和权威的综合体。就好比你不可能坐在一个亿万富翁身边，就能让他相信你是一个财富比他多三倍的亿万富翁一样。整体的社交地位是固有的，你只能控制情境地位。

幸运的是，你不需要有钱、有名或有权势，就能在商务场合和社交场合享有更高地位。如果没有更高地位，你也可以暂时为自己创造更高地位。

获取情境地位

下面就是在不同的场景中提升自身地位的步骤。你可能会发现有些步骤和构建框架类似，这是有原因的。框架控制和地位提升密切相关，你在第四章还会接触推销技巧，它们都有类似的原理。

1. 用礼貌的态度避开助长对方权威的社交礼仪，避免陷入从属角色陷阱。

2. 不要被客户在会面场合外的社交地位影响（客户的社交地位在业务领域里和业务领域外是有区别的）。

3. 寻找机会向对方做出小小的反抗和挑衅，增强你的框架力量，提升你的地位。

4. 掌握框架控制权后，迅速把讨论转移到你的专业领域，这样你提供的知识和信息就是对方无法反驳的。

5. 给自己构建一个重视框架，让对方觉得能和你合作是一种荣幸。

6. 维持你的领导角色地位，引导处在从属角色地位的客户做出声明，保证你的高地位。

最后一步是最重要的一步，它并不像听起来那么可怕。我之前也提到过，我不会滥用争取来的权威，不会公然做出支配对方的行为。相反，我喜欢在看似你来我往的游戏中获取权威，这让业务合作变得好玩多了。

让客户确认你的领导角色地位，有一个好方法是让他以一种轻松的方式为自己辩护。这不仅传达了你仍控制着框架的信息，更重要的是，它还提醒了客户他正处于从属角色地位的现状。这样一来，即使是在下属面前，客户也会尊重你。

举个例子，我可能会说："你能再跟我说一下，我究竟为什么要和你合作吗？"

这一般会引起哄堂大笑，对方严肃的回应也会被笑声缓和："奥伦啊，我们可是加利福尼亚州最大的银行啊。"

然后我会说："是的，很好，我会记住的。"

这种对话得在幽默有趣的氛围里进行，但又要有一些界限。请尽量创造更多机会让客户反过来证明自己。不到尴尬或别人觉得你花了太多时间在这一点上的时候，你都可以找机会这么做。我再告诉你一个让客户证明自己的方法，就是问这个问题："你做过这么大的生意吗？"我发现想让对方承认我的权威，这个方法再好不过了。

现在，你已经了解什么是框架，以及如何为自己构建高地位，并利用高地位来支持框架控制的方法了。接下来要介绍的是我这套方法论的灵魂与核心——推销方法。

第四章

推销你的想法

介绍你的想法不需要花15分钟，1分钟就够了，你不必解释细节。虽然我知道你会很冲动，毕竟这是人的本能。人们首先会做自我介绍，然后就埋头介绍细节。其实我也有同样的冲动，因为这个时机似乎不可错失。但现在确实不是讨论细节的时候，你的目标对象还没决定为你的创意砸钱呢。

PITCH
ANYTHING

1953年，分子生物学家詹姆斯·沃森（James Watson）和弗朗西斯·克里克（Francis Crick）把人类生命遗传的秘密——DNA结构公之于世，社会各界都认为这是20世纪最重要的科学发现。沃森和克里克对这一发现的演讲让他们拿下了诺贝尔奖。而他们更引人注目的成就是：他们总共只花了5分钟来完成这场演讲。这是一次完整的演讲——介绍生命遗传的秘密，解释其中的细节，揭示其背后的运作机制。

请停下来思考一下：5分钟的演讲就可以阐释清楚20世纪最重要的科学发现。每年我都会看到几百场演讲，然而几乎每场我看过的演讲都至少需要45分钟，通常是1个小时——实在是太长了！在美国，不会有一家公司会让高管花1个小时做演讲的。过一会儿，你就知道这是为什么了。

向他人推销你的想法

到目前为止，我们所讨论的框架和地位都是些抽象概念。现在，请你整装待发——是时候站在别人面前，进行一次推销了。

如果你是白手起家的销售人员，想在别人走路的时候推销你的好点子，你就要知道如何在极短的时间里控制框架，并完成你的推销。你很快就会知道，你不得不在这么短的时间里完成推销，因为你争取不到更多时间了，听者的大脑也不会多给你几分钟时间。更糟糕的情况还在后面，人的注意力在20分钟之后就会逐渐耗尽，并且随后大脑还会遗忘之前听进去的东西。这就是讲话超时的反作用。

推销一旦开始，你就要给对方带来轻松自在的感觉。在绝大多数情况下，听者并不会觉得轻松，因为他们不知道自己还要听你说多久，而且他们跟你不熟。大多数人都不想坐着听完长达1个小时的推销。为了让他们放心，我找到了一个简单的解决方案，我称之为"限时模式"。也就是让要让目标对象知道自己并不会被限制在那些惯常的漫长会议里："大家好，让我们开始吧。我只有大约20分钟的时间来和你们展示这个想法，这样的话，在我到点离开前，我们还可以留有一些时间来讨论。"

这样做可以让对方放心。这足以告诉大家，你知道你在做什么，并且你是一个专家。不管哪个领域，一个真正的专家都能在20分钟之内解释清楚一件事情。这也说明你是一个很忙的人，你的想法很有价值，因而你不会花太多时间在一次会议上。

这里重要的不是你对细节的掌握，而是你对听众注意力和聆听时间的掌握。与其去做不可能的事——让目标对象专注在你身上的时间超过20分钟——不如好好研究人类注意力持续时间的有限性。

成功的推销有4个必要阶段：

1. 介绍你自己和你的想法：用时5分钟。

2. 说明你的预算和你的独特竞争力：用时10分钟。

3. 提出条件：用时2分钟。

4.利用框架让听众保持认知热度：用时3分钟。

第一阶段：介绍你自己和你的想法

根据上面的方法，你要做的第一件事——甚至在思考怎样阐述你的想法之前——就是向别人介绍你的背景。这需要你用特定的方式来做，而你的成功将取决于你做得有多好（多快）。在开场的介绍性闲聊之后，你的基本地位和框架就建立起来了，这时对方自然而然会问："你是什么出身？"或者，"你是怎么开始做这个的？"在这个时候，你就可以开始推销了，从你的成功事迹开始。这并不意味着你要一一讲述你做过的所有工作，也不意味着你要把所有你参与过的项目都说给对方听，你的人生传记并不是让对方感兴趣的重点。在这个环节，成功的关键在于突出你所取得的成就，比如你所做的实际贡献、你实际推动过的项目等。请不要在这个点上花费超过2分钟，真的不能再多了——不要担心没说够。在你的推销宣讲结束之前，对方会有更多机会了解你。

我的朋友乔在获得波音公司的投资时，是这样说的：

1.我从伯克利大学毕业，在加利福尼亚大学洛杉矶分校获得MBA学位。

2.在那之后，我在麦肯锡工作了4年，但实际上，我在那里取得的最大成就是我为雷克萨斯（Lexus）完成的销售项目。我为他们节省了1500万美元。这个项目至今还在运作。

3.6个月前，我离开咨询业开始创业，做了现在这个项目。

其实，乔这么多年来做了很多项目，但那无关紧要，只有他的成功事迹才值得一谈。所以，你的成功背景能比他还多吗？当然能。但你是在推销，时间和对方的注意力都是有限的，你要利用好所有可用的时间来争取（并保持）框架控制。如果你的推销进展顺利的话，你会有更多机会展现自我。

我经常看到有人花15分钟以上谈论自己的背景。这真是没必要，没有人可以成功到这种地步。人们通常都会认为，如果个人履历不错，那么说得越多越好，可对方的大脑并不会这样想。有研究表明，你对一个人的印象通常是基于现有信息的平均值而产生的，而不是信息总和。所以，想告诉别人你的优点，想给他们留下更好的印象，只要告诉他们两件好事即可。如果你非要在两个好例子后面再加两个平平无奇的例子，那最后你给别人留下的印象恐怕就是平平无奇的了。所以，在说完最好的例子后就收手吧。把你最好的业绩摆出来，做到快速、干净、后顾无忧。在推销时，你不应该陷入应对各种疑问、深度交谈和分析细节的处境，因为你还有很多事情要做，要节省时间。

这是不是和你往常的习惯有悖？对你来说，这是不是一种从来没见过的推销方法？我想应该是的。但其实如果你不愿意转换思维，运用以框架为基础的推销方法，你也不必担心自己与大家格格不入，因为即使是在很高级别的商业活动中，也不乏浪费时间和抓错重点的现象。

"要买趁早"框架

现在的你蓄势待发，要开始推销你的项目了。但首先，我要提醒大家一个很明显的事实：没人会愿意把时间和金钱投入一个不好推进的旧项目上。因此，你需要使用"要买趁早"框架。让目标对象清楚你的想法是非常新颖的，这很重要。你的想法是基于当前的市场机遇得出的，而不是炒冷饭。目标对象希望看到的是你从时代潮流中思考出的新想法，你现在想抓住这一绝佳时机乘风而上，并且你是对这一领域最有研究的专家。

在听你做推销宣讲的时候，目标对象心里会有一些不会说出口的问题：你的创意和他们的盈利目标相关吗？这个想法对整盘生意来说重要吗？对这个项目是否有乘胜追击的必要？你要及时预判他们的疑虑，并在他们开口问之前就明确回应这些问题，这就好比在对方脑海里的问题清单上打钩，让对方放心听你的宣讲。从这个时候开始，你说的每句话都会更有意义，更有紧迫性，从而强化你的创意的稀缺性。

根据我多年的观察，每笔生意都会受到三种市场力量影响，这三种力量共同回答了"为什么是现在"的问题，你可以用这三种力量搭建起非常有威力的"要买趁早"框架。

三种市场力量模式：预测趋势

当你描述你的想法、项目或产品时，首先要为其创造好背景，即根据以下这三种你认为重要的市场力量或趋势模式来构建框架。

1. 经济力量。简要描述当今市场上的经济变化会给你的项目带来哪些益处。比如，客户的资金是不是更富余了？信贷政策是不是更宽松了？大家对金融市场是不是更有信心了？利率的升降、通胀或通缩、美元增值或贬值，这些都是会对项目前景造成影响的重要因素。

2. 社会力量。为你的创意提供社会依据，解释当今人们行为模式方面的变化。比如，在汽车市场，人们对环境问题的担忧——这是一种社会力量——推动了电动汽车的发展。

3. 技术力量。技术变革可能会使现有的商业模式乃至整个行业发生巨变，因为人们的需求一直在变化。比如，在电子行业，变革是迅速且持续的，但在家具制造行业，变革则更缓慢一些。

你可以讲述你的想法从何而起、如何发展以及你如何及时把握机会的故事。相信我，你的目标对象会对你的想法的背后故事感兴趣。只要你把故事告诉大家，你在推销中所说的话就会显得合情合理。

在构思背后故事时，请思考你的想法是怎样一步步发展成熟的，以及你是如何想到它的。一定要描述这个想法的发展过程——它如何变得明确起来，并最终成为你确信并希望把握住的机会。

讲述故事的三个基本步骤是这样的：

1. 阐述商业环境最重要的变化，预测趋势，指出市场内外的重要变革。

2. 谈谈这些发展对客户的运营成本和需求的影响。

3. 解释这些趋势如何为我们提供了一个稍纵即逝的商业机会。

下面我举一个例子，这个例子将三种市场力量紧密结合在一起，很好地支持了"要买趁早"框架。例子的主角是一款名叫"立起"

（UpRight）的产品，这是一个佩戴在手腕上的设备，会在设定的时间慢慢地提供叫醒服务，让你起床的时候不会感觉休息不够。

经济力量：这个产品的制造成本刚刚降到了10美元以下。这意味着产品的零售价可以降至69美元。我们等了两年才等到这个价位。

社会力量：很多人睡眠不足，睡眠质量不佳，这是当今社会的一大突出问题。虽然有睡眠问题的人每年只增长1.8%，但人们对这个问题的关注却迅猛提升。人们现在都希望有更好的睡眠质量，这是当今社会各阶层的一个热门话题。

背景陈述完后，你的想法就呼之欲出了。我们继续看。

技术力量：这种设备内含一个控制芯片和一个电磁线圈，而现在这两种材料都已经可以大规模量产，并且体积够小，价格可控，这极大地拓展了产品的市场空间。

在推销开始前有这三种力量的加持，你的想法就站住了脚跟。你给你的想法塑造了一段历史，一段鼓舞人心的发展过程，并很有可信度。这一想法是在经济、历史和社会层面的变革下提出的，正是这些变革让你有了这个非常新颖的创意。你的眼光很犀利，你看到了它的潜力，并希望将它变为现实。（这一点很好地加强了你的重视框架。）

不管你的想法、项目或产品是什么，它们都可以基于这三种市场力量建立起自己的历史性和合理性。有了这三种市场力量，你可以给任何事物设计出精彩的故事。

要为自己构建"要买趁早"框架，首先你得把眼界放宽一些，回溯过去，阐述想法的发展过程以及它的特别之处。请时刻谨记，无论是推销飞机、证券、房地产、软件还是酒精棉球，你都可以用这种方式来构建框架，因为它能够让你的想法变得更有说服力。

变革在"要买趁早"框架中是非常关键的因素。你的目标对象需要明白这个项目背后的推动力是什么，这样他才能理解为什么在这些市场力量下，你的项目需要他立刻采取行动，并一定会取得成功。

在这里，我们又得回到鳄鱼脑的运作方式上了。大脑中的很大一部分组织都会用于探测运动变化。为什么丢失的物品都很难被找到？因为那些钥匙、手机和铅笔都是静止不动的。你完全可以看着一件物品，内心却对它视而不见，因为它是静止不动的。这也是为什么有些动物在受到惊吓的时候，会一动不动。你的大脑会逐渐适应静止不动的事物，就好像它们在你的眼前隐形了一样。鸟类在头部稳定不动的时候可以精准捕食，因为它唯一能看到的东西就是那条蠕动的虫子。要是给眼部肌肉注射箭毒（一种麻痹性毒药），你也可以像鸟一样高效捕猎。即便不注射这种药物，运动的物体也会截获你大量的注意力。这就是人们接受推销时大脑的运作原理。请不要向人们展示想法实现后世界会变成什么样子，这是静态的。相反，你要向他们展示你的想法会怎样改变事情当下的状态，并演化出全新的做事方法。

还有一个大脑运作的细节值得注意，那就是"变化盲视"（change blindness）。如果你让人们快速地交替看两张有些差别的图片，即便这个差别比较大，他们也不一定会注意到，这并不让人意外。你甚至可以把图片中的关键词"奶奶"换成"树"，人们也不一定会发现。因为它不能算作"运动"，所以大脑会把它忽略。在看到两张仿佛"一模一样"的图片时，相信你得不停地来回翻看，才能发现这两张图片之间的差异。只有当你有意识地把注意力集中在正在变化的事物上时，你才能真正"看到"

它。在你知道听众思维的运作原理后，你会意识到，你不能只向听众展示两种静态的可能状态，并希望它们之间的差异能吸引听众的注意力。相反，你需要向他们展示事物之间的运动变化。

我们通常不会对静态的话语感兴趣，比如："那是一种旧方法，这是一种新方法。"这样的说法可能会造成听众的变化盲视，导致他们根本听不进去你的话。而我先前提供的方法，即运用三种变化的市场力量，就能避免让听众产生潜在的变化盲视。将这三种市场力量很好地结合起来，你其实是在唤起大家对这场市场变革的想象，以及展示这场变革是如何对你的想法产生积极作用的。

下面是我的同事乔在推销项目时的一个例子：

"近年来，机场建设方面并没有太多新的项目。事实上，你甚至可以说这块市场已经是一潭死水了。不过，近期事态有所转变。有三种主导力量正悄然改变着市场：第一，银行已经开始向航空项目倾斜贷款；第二，联邦航空局对建筑许可重新审查；第三，由于利益冲突，我们最大的竞争对手被排除在这场竞标之外了。"

客户认为乔提出的关于机场建设的项目是有市场依据的，是合理的。银行近期的放贷意愿，联邦航空局近期对机场施加的压力，以及竞争对手的退出，这些因素结合在一起，为这个项目创造了机会。

多年来，我一直着力提升自己的项目达成率。在这个过程中，我学到的最重要的一件事是，目标对象对那些老生常谈的想法一点也不会感兴趣。他们希望看到变化，他们不喜欢那些被别的投资人看不起的陈旧项目。这就像一个复印机销售员对你说："您要不要购买我们的复印机？我们仓库永远为您储备着50台库存呢。"

向他人介绍你的想法

　　介绍你的想法不需要花15分钟，1分钟就够了，你不必解释细节。虽然我知道你会很冲动，毕竟这是人的本能。人们首先会做自我介绍，然后就埋头介绍细节。其实我也有同样的冲动，因为这个时机似乎不可错失。但现在确实不是讨论细节的时候，你的目标对象还没决定为你的创意砸钱呢。所以这个时候，你推销的氛围依旧非常冷，你展开细节则会让气氛降到冰点。具体的细节可以晚点再讨论。你首先应该做的就是用构思陈述法来陈述你的创意。这是风险投资家杰夫·穆尔（Geoff Moore）在1999年提出来的方法，至今仍非常有效。

构思陈述法

　　构思陈述法的思路是这样的：

　　"对（目标客户来说），

　　他们认为（市场上的现有产品）不能满足他们的需求。

　　我的想法/产品是一种（新的理念或产品品类），

　　能为客户提供（关键问题的解决方案）。

　　不像（竞争对手的产品），

　　我的想法/产品（是这么运作的）。"

　　以下是一个名为"能量科技1000号"（EnergyTech 1000）的产品的简单介绍。

示例1

"对那些在加利福尼亚州和亚利桑那州拥有大型建筑的公司来说，

他们对年久失修的太阳能电池板深感不满。

我的产品是一种即插即用的太阳能加速器，

能够比传统的太阳能板多提供35%的能源。

与更换太阳能板的方案不同，那需要花很多钱，

我的产品造价低，并且没有活动部件。"

就是这样。用这套方法，只需要1分钟左右的时间就能介绍清楚你的产品。

下面再举一个例子。

示例2

"对事务繁忙的高管来说，

他们的办公电脑显示器太小了。

我的产品是一组联合显示器，

可以提供8台相连的平板显示器，并且可以放在多种形态的办公桌上。

不像市面上的普通定制方案，通常只能配置两三台显示器，

我们的联合显示器可以让用户同时运行电子表格、浏览器、电子文档、邮箱、网络电话、图像处理软件、资源管理器和交易平台软件，而且不会让人眼花缭乱。"

下面是乔用构思陈述法推销机场项目时的思路。

示例3

"对那些需要10%或更高资金年化收益率的投资人来说，

现今存在的高风险投资，如股票，并不能满足他们的需求。

我的机场项目风险很低，准入门槛却很高，

能够提供现金流。

与大多数开发项目不同的是，这个项目允许投资者随时退出。"

显然，这非常能吸引目标对象的注意力。然而，你还要清楚地认识到：抓住注意力并不意味着掌控注意力。并且你很快就会怀疑注意力到底能不能被掌控。更糟糕的是，你会意识到，一旦下错一步棋，你就会在分秒之间失去方向。注意力的基本运作原理大概是这样的：人们会对在时空维度上变化的事物特别注意，因为它们很可能是重要信息。但有一个问题：很多时候，变化的事物同时也是我们为安全起见而会尽量回避的。在这个前提下，我们想获取注意力，并且不带来威胁，就应该使用构思陈述法，因为在众多方式中，它最不会触发鳄鱼脑的威胁回避反应。

神经学家埃维安·戈登（Evian Gordon）认为，最小化自己身边的危险和威胁是我们"大脑活动的基本原则"。就像我之前说过的，鳄鱼脑不会对威胁进行深入思考，它只会做出本能反应。它不会花时间去分辨不断靠近我们的蛇会不会对我们有危害。

尽管从进化的角度来看，这种机体自带的防御机制是我们生存的有力保障，但研究人员发现，进入社交场合的时候（比如要在会议室进行推销宣讲），不可否认，我们也会对影响自身安全的潜在威胁非常警觉。因为我们有可能会被拒绝，会让自己陷入尴尬的境地，会丢脸，会失去与客户合作的机会。当这些社交威胁出现的时候，我们大脑中的威胁防御系统就会开始分泌肾上腺素和相关神经递质。焦虑随之而来。当我们站在台上时，我们都会有这种感觉：听众好像并没有把注意力放在我们身上。这时我们的心跳会加快，脸会变红，毛孔会变大。这就是人在应对社交威胁时的反应。

人类天生就是一种社交动物，你要认识到这一重要事实。所以，如果你还没意识到社交场合存在潜在的威胁，那么你最好从现在开始建立起这样的观念。在一次实验中，研究人员让受试者玩一个传"球"的电脑游戏，受试者以为自己在和其他玩家一起玩游戏。游戏开始一段时间后，受试者的"球友"们逐渐不把球传给受试者，把他当成局外人。随后，研究人员通过脑部扫描来观察受试者的反应。他们发现，社交威胁和人身威胁触发的反应系统是一样的。比人身威胁更夸张的是在你识别到社交威胁之前，大脑就已经产生了威胁响应。

如果你没有使用构思陈述法（或者其他对构思进行高度概括的方法），你就会渐渐感受到这种社交威胁。第一，目标对象会察觉到你的焦虑。第二，当你看到目标对象变得不舒服时，你就会更加紧张，并且会明显表现出来。第三，这种双向反馈的恶性循环开始了：目标对象感知到你的焦虑后，他的大脑系统中会产生类似的威胁应对反应。而你还有很多事情要做，推销才刚刚开始，你不想陷入这种消极的反馈循环。可是在当下，将其作为严重事态来对待还为时过早。

构思陈述法能将你的想法分解为下面几个基本要素：这是什么，这是提供给谁的，我们的竞争对手情况如何。焦虑和恐惧都影响不了你，推销时的各种突发情况也影响不了你。

让我们回顾一下在推销的第一阶段你需要做什么：

·首先，你要提前告诉目标对象你的宣讲时间很短，只有20分钟左右，在这之后你也不会逗留太久。这样可以让他们放松心情，其鳄鱼脑也会专注于此时此地，不会感受到威胁。

·其次，你要通过一系列成功事迹来介绍你的背景，而不是冗长乏味的流水账。有充分证据表明，你谈论自己的背景越多，你在目标对象心中的形象就越趋近于你过往所取得成就的平均水平，因为他们感受到的不是你所有成就的总和，这是人的本能。

·然后，你要证明自己的想法并不是拍脑袋想出来的，而是由市场力量推动的，你抓住了这一风口。（同时，你应该承认这个项目会有竞争，这表明你能成熟地认清商业现状。）

·再次，因为大脑对变化的事物更感兴趣，所以你要向目标听众描绘市场环境更新换代的动态图景。这样做，你就不会引发人们的变化盲视，变化盲视很容易让你的项目被忽略。

·最后，你就可以用构思陈述法来推销你的想法了。听完你的宣讲后，目标对象就能明确地知道它是什么；它为谁服务；你的竞争者是谁；相比竞争者，你的优势在哪里。这个简单的方法能够确保你的想法简明易懂，并且专注于实质。这种策略之所以奏效，是因为它避开了大脑的威胁回避反应。

但我推荐这种方法，并不意味着你需要把所有的细节都隐藏起来——在下一个阶段，你就要传达复杂且详细的信息了。

第二阶段：说明你的预算和你的独特竞争力

到目前为止，想要保持目标对象的注意力还不算难。在第一阶段，你所要做的就是在5分钟（或更少时间）内介绍你自己和你的想法。到了第二阶段，保持目标对象注意力的难度会显著提升。在这个阶段，你需要把你的想法解释清楚，它能解决什么问题，要通过什么方法执行。然而，你解释得越详细，对方的鳄鱼脑可能就会变得越紧张。

推销人员在这一点上承受的压力一直都不小，因为他们必须用深入浅出的方式来介绍复杂的项目，但很少有人能想出经得起实践检验的好方法。至少这10年来，我还是没看到一个好方法出现。

可残酷的是，大家都要求推销人员在宣讲的时候能提出"极简方案"。汇总和简化信息，使其变得浅显易懂，并把创意概念归纳成"执行概要"，这样目标对象才会喜欢上你的项目。

接下来我要说的也许会违背人们的传统认知，那就是简不简单其实并不重要。如果简单真的有效，所有人都会趋之若鹜。事实上，让推销宣讲保持简单的方法并不奏效，因此大家也没有跟着做。太过浅显的解释容易让你看起来比较天真或不成熟。信息过于匮乏很容易让目标对象感觉无聊，就像信息过于繁杂很容易让目标对象被过载的信息吓到一样。

把要传达的信息调整到目标对象思考的频道上，这才是你推销时要解决的问题。

只要尝试过与孩子沟通，你就会明白，和孩子说话的时候，你要做的不只是简化表达那么简单。比如，如果你想说"不吃完饭，你就不能吃甜点"，你不能将其简化成"饭前可没有甜点"，而是得说得更长、更复杂一些，你需要解释其中的原因。我得再次强调，和孩子沟通的秘诀在于认识到孩子的思维和你的思维不一样，你必须代入孩子的思维去理解事情。这就是我认为在推销时要重视鳄鱼脑的运作方式的原因。我的结论是：由解决问题的大脑——新皮层产生的想法，必须经过专门的整合，才能让作为接收器的鳄鱼脑顺利接收。

在刚开始研究这个问题的时候，我无意中发现了一个心理学概念——"心智理论"，它和我的观点不谋而合。当你掌握了思维运作的规律时，你就能理解人们行为背后的想法、欲望和意图。当一个人看待事物的方法只有一种时，他的心智理论就很难站住脚。而要是有了强大的心智理论，你就会意识到每个人的视角都是不同的——对同一事情的理解、自己想要的东西，通常都不一样。强大的心智理论也会让你知道，涉及统计数据的信息在呈现时都需要高度简化。鳄鱼脑讨厌思考概率问题。当今这个高度发达的社会之所以创造出了那么多帮助大脑思考的复杂公式和方程，就是因为人类的大脑本身并不擅长计算。尽管现在对听众能够欣然接受多复杂的信息，大家的看法还存在分歧，但有一点是确定的：在描述人与人之间的关系时，你可以提供大量的细节。我们的大脑非常善于理解复杂的人际关系。

当我回顾自身的经历时，我发现有两个结论至关重要：

结论1：提供多少信息并不重要，重要的是你的心智理论有多好。换句话说，重要的是你能在多大程度上调整信息传达的方式，以适应对方思维的需要。

结论2：所有重要的内容都必须在听众集中注意力的有限时间内完成传

达。对大多数人来说，这个有限时间大概是20分钟。

获取听众的注意力

正如之前提到的，人们最容易犯的错误便是让自己的推销宣讲变得极其无聊。其实，大多数人在推销时都容易犯长篇大论的毛病。然而，无论是商务场合还是学术讲座，一旦你的宣讲开始，听众的注意力都会迅速消退。有一项研究揭示了人类警觉性的秘密，人们通常无法在一件事上坚持集中注意力超过几分钟。有的研究甚至认为这个时间不会超过几秒钟。不管怎样，我认为没有必要争论到底是几分还是几秒，总而言之，注意力的消退是无法控制的，人们就是会走神。人们的思维并不安分，随时都会发散、偏离。在你进行宣讲的时候，来自听众自己以及外部的干扰都会接连不断地与你争抢听众的注意力。并且即使没有干扰，大脑也不喜欢耗费注意力——它总想尽可能用省时省力的方式来弄清楚你的想法。

那么，该怎样吸引听众的注意力呢？一旦成功获取了听众的注意力，又该怎样让他们持续专注在你身上呢？

当你提供新奇的信息时，听众的注意力会高度集中，否则他们的注意力就会涣散消失。我相信你对此已经非常了解了。如果你的宣讲听起来平平无奇，缺乏视觉刺激，是毫无情感温度的事实陈述，而且逻辑还一团乱，那么我相信没有什么人会愿意把注意力放在你身上。

但是，听众的注意力非常重要。听众的注意力在推销中到底有多重要，也许目前还说不清楚，但不可否认，获取并保持听众的注意力是一次推销取得成功的关键所在。

从另一个角度想，如果目标对象愿意花几个小时来关注你，那么无论你的推销是好是坏，你都是成功的。但实际上，你能有的时间并不多。我想，还是回到人类能够集中注意力的那有限的20分钟里吧。但如果你天马行空，那么即便你在5分钟内完成了宣讲，你也会失去所有听众。

注意力的本质

我一直认为，要获取并保持听众的注意力，关键在于了解注意力是由什么构成的。注意力是一个模糊又笼统的概念。但要是不知道鸡尾酒的成分，谁又能调配出一杯像样的鸡尾酒呢？我做这样的比喻，是因为接下来你会明白注意力就是一种混有各种化学物质的鸡尾酒，它是帮你把信息传达给听众大脑的社交润滑剂。因此，你要学习如何调配出完美的注意力鸡尾酒，并在合适的时间点向对方递上这杯美酒。

有研究人员利用脑部扫描仪和脑神经分析仪帮我们发现了注意力是由什么构成的。他们的结论是，当一个人同时具备渴望和紧张的情绪时，他就会对眼前的事物保持高度的注意力。

脑部扫描结果告诉我们，注意力在渴望和紧张这两种情绪之间的平衡总是脆弱而不稳定的。我们可以将其归结为两种神经递质：多巴胺和去甲肾上腺素。

多巴胺代表了神经递质中的"渴望"部分，去甲肾上腺素代表了神经递质中的"紧张"部分，两者加起来就是"注意力"。

如果你想让他人对你全神贯注，你就必须让他们产生这两种神经递质。这两种化学物质可以共同作用，充满目标对象的整个鳄鱼脑，但这两种神经递质的触发机制并不相同。

要刺激多巴胺的分泌，让对方产生渴望，你就要给予一定的奖励。

要刺激去甲肾上腺素的分泌，让对方感到紧张，你可以适当夺走一些东西。

接下来你马上会了解到渴望和紧张的触发机制。

多巴胺有什么用？多巴胺是大脑中寻找奖励的化学物质。只需要大约二十分之一秒的时间，多巴胺就可以引导人们采取行动。当你遇到你心里想要的东西时，你大脑中的多巴胺水平就会上升。当你看到一个人表现出好奇、敞开心怀或者对某件事很有兴趣时，那他多半是受到了多巴胺的影响。浓咖啡、春药、可卡因等，都会提升大脑中多巴胺的分泌水平。对很多人来说，赌博赢钱或者买到一件奢侈品，比如一块劳力士表或其他象征地位的物品，也会使大脑分泌大量多巴胺。

多巴胺的分泌与"令人愉悦的事物"有关，比如食物、性和毒品。但如今许多脑部扫描研究显示，多巴胺并不是让人体验快乐的化学物质，而是一种人们期望获得快乐时所分泌的化学物质。神经学家格雷格·伯恩斯（Greg Berns）博士在他的《满足感》（*Satisfaction*）一书中解释道："如何让大脑分泌更多的多巴胺？新奇事物。大量的脑成像实验证明，新奇事物能够有效让人分泌多巴胺。你的大脑会被各种意想不到的事物刺激，因为对我们来说，我们所处的世界是变幻莫测的。"他补充道："你不一定喜欢新奇事物，但你的大脑却非常喜欢。"

所以，你可以用讨喜的方式制造一些小惊喜，为目标对象创造新奇的感觉。

让我们来回顾一下。当你向目标对象的大脑介绍新奇事物时，对方的大脑会分泌出多巴胺，多巴胺会引发渴望的情绪。比如：

简单演示产品，带来新奇感。

提出新思想，带来新奇感。

用绝妙的比喻手法解释复杂的概念，制造新奇感。

鲜艳明亮的物体，移动的物体，独特的形状、大小和外形，都能带来新奇感。

如果你想吸引听众的全部注意力，如果你想让分散听众注意力的干扰事物全部消失，那么请为听众带来新奇感。

多巴胺是怎样让人产生新奇感的呢？到目前为止，我已经讨论了大脑面对原始信息的反应，以及大脑处理信息能力有限的原因。大脑只会用一小部分区域来处理这些从感觉器官接收来的信息和数据。因此，它必然需要一种信息筛选机制，决定哪些信息可以忽略，哪些信息应该响应。而多巴胺就对大脑的判断有促进作用。

伦敦大学学院一项被《华尔街日报》记者贾森·茨威格（Jason Zweig）报道过的实验表明，意料之内的快乐并不会让人分泌多巴胺，但以令人惊喜的方式出现的新奇事物会让人的大脑分泌出大量多巴胺。换个角度说，如果你期望的结果没有出现，你的多巴胺水平就会下降，负面情绪就会开始产生。

就像我们之前提到的鸡尾酒的比喻，这杯鸡尾酒中多巴胺的含量必须恰到好处。如果不够，听众就会对你的想法不感兴趣；如果太多，听众就会感到恐惧或焦虑。

　　之前我们也谈到了简单的重要性，但简单并不是万能药。多巴胺的刺激解释了其中的原因：人们喜欢中等水平的复杂信息。一直有人认为，人们对无法解释但似乎可以解释的事情往往更有好奇心——悬疑故事的套路就是这样。当然，这也是新奇感在项目推销过程中的重要性所在。好奇的感觉是指鳄鱼脑产生兴趣——这时鳄鱼脑认为，它大可放心地探索新知识。好奇心来自信息缺口——一个你所知道的和你想知道的事物之间的差异缺口。好奇心是会让人上瘾的，要让目标对象对你的想法产生好奇心。

　　只有当目标对象觉得他掌握的知识足以让他完全理解你的想法时，他的好奇心才会消失——他会感到满足。当他感到满足的时候，不管你是否意识到了，你的推销都没有必要继续了。

　　新奇的信息可能会引发两种反应：退缩或探索。而好奇属于探索反应，探索是获得满足感的心智活动的第一步。

　　当你在推销时传达的信息告诉目标对象的大脑"新鲜事物来了"时，他的大脑就会开始分泌多巴胺。超出预期（并且令人愉快）的奖励激发的多巴胺分泌比预期内的奖励要多。但是多巴胺也可能会带来负面影响：如果期待落空，多巴胺水平就会迅速下降；而当多巴胺水平迅速下降时，紧张的感觉就会油然而生。目标对象不仅会拒绝接收你传达的新信息，还会把你已经传达的信息抛出脑外。

　　总之，对惊喜的期待心理会激发多巴胺的分泌，多巴胺特别喜欢新奇的事物。但单靠多巴胺还不够。虽然多巴胺是引起好奇、兴趣和渴望的化学物质，但如果没有去甲肾上腺素的共同作用，它就无法让人产生注意力。去甲肾上腺素会让人感到紧张，因此它也被称为警觉性化学物质。

紧张

在关于新奇和渴望的讨论中，我只讨论了获取注意力法则的其中一半。法则的另一半是紧张。首先，让我们从其定义开始讨论：紧张是社交活动中不良后果出现的前兆，是人们对得失进行清晰的预判后所产生的心理反应。它让目标对象意识到风险的存在。紧张预示着后果，这也就意味着这种情绪非常重要。

在漫无目的的时候，也就是不感到紧张的时候，目标对象没必要注意你。稍微解释一下营造紧张感的目的你就明白了。我们要做的是在将目标对象拉近和推远之间取得动态的平衡。这并不是一种操控——在推销过程中，我们丝毫不会产生操控的想法——而只是帮助目标对象保持警惕的一种方法。如果你想让目标对象精神集中、动力满满，你就必须让他保持警惕。通过刺激目标对象的大脑分泌去甲肾上腺素，我们可以达到让他感到紧张的目的。

在这里，让我们来探讨一下新奇感和紧张感之间的关系。如果没有让目标对象同时产生这两种感受，牛油果果农丹尼斯的64万美元就打了水漂，电影《大白鲨》就会成为史上烂片，法国服务员伯努瓦也会失去谋生法宝。

也许在从前，我们可能从来没有从这种角度看待过注意力——一种由神经递质调配成的美酒。老实说，如何看待注意力并不重要。大部分人对神经递质的概念一无所知，而且说实话，人们其实并不关心这件事。

对大部分人来说，关于注意力，重要的是下面这段话：

> 注意力包括新奇感和紧张感两种情绪，它们在你推销的过程中共同作用，创造了一个20分钟左右的社交反馈循环。20分钟后，无论你再做什么努力，这两者都无法维持平衡，只能停止合作。

紧张感来自冲突。一些没有经验的人在推销时非常依赖他们的魅力（单纯靠新奇的形式），试图尽量避免在宣讲中出现冲突。他们希望所有人都和和气气，不露出棱角，只露出笑脸。为什么？因为在日常生活中，在推销场合外，矛盾冲突会让人感觉到压力和神经紧张，所以按道理讲，大家都希望尽量避免冲突。但是，在基于讲述和框架的推销过程中，你不能忌讳紧张感，而且你还得创造紧张感。

接下来我要介绍的这个基本模式，其有效性在我的推销生涯中得到了充分的验证。这看起来有些不可思议——并不是因为这套方法做起来非常简单，而是因为它的目的就是唤起紧张感。这一点让我在推销过程中紧握优势。

我会向你介绍三种唤起紧张感的对话模式，每一种的强度都不同。你可以随时在你的推销过程中使用这些对话模式，尤其是当你感觉到目标对象的注意力下降时。

低强度的推远/拉近模式

推远："我们很有可能不适合彼此。"

（停顿。让这股推力的作用显现出来。这句话必须要用真实可信的口吻呈现。）

拉近："但话又说回来，如果这次合作真的成功了，我们就能强强联合，创造辉煌。"

中等强度的推远/拉近模式

推远："要达成一项合作，需要考虑的问题不仅仅是关于项目的想法。我的意思是，圣弗朗西斯科有家风险投资机构甚至不关心项目的理念是什么。在进行决策的时候，他们甚至对项目看都不看一眼，他们唯一关心的是项目的合作对象是谁。这其实很有意义。如今项目遍地皆是，真正重要的是有激情、有经验、为人正直的执行者。所以，如果你不认同这一点的话，我们之间的合作很可能就不会有结果。"

（停顿。）

拉近："但这种想法太极端了。很明显，你也会更看重人，而不是理念。从前我遇到过像机器人一样只关心数字的人，而你显然不是这一类人。"

高强度的推远/拉近模式

推远："从你给我的反馈来看，我们进行这次合作似乎不太合适。我认为，你应该选择那些你非常信任的人。要不我们就到此为止吧，期待下一次能有机会合作。"

（停顿。等待回复。开始收拾东西。如果目标对象没有阻止你，你就要做好真正离开的准备。）

如果将推远与拉近结合起来，让它们共同作用，对方就会产生足够的警觉性和紧张感。如果你只是一味地将对方拉向你，对方反而会变得更加警惕。在推销过程中不断拉近对方，也叫作"拼命推销"，是一种"我需要你"的信号。当然，这里面也是有技巧的，如果你不断地将对方推远，对方可能就会接受你的暗示而真的离开了。

推远/拉近模式的最典型的例子是电视剧《广告狂人》（*Mad Men*）中唐·德雷珀的一次推销经历。他是一家广告公司的商务推销人员，在一次推销过程中，他接收到了客户的负面反馈。于是，他开始使用推远策略。

"看来没什么其他可说的了，我们今天就到此为止吧。"他对客户说着，并与他们握手道别，"先生们，谢谢你们花费宝贵的时间与我会面。"然后起身佯装离开。

这一幕我在很多场合看到过，其结果总是让我对优秀的推远/拉近策略心悦诚服。这种佯装拒绝的方式能够让对方的大脑分泌大量的去甲肾上腺素。

在电视剧中，一股紧张感在一位客户心中油然而生，他惊讶地问道："就完了？"

德雷珀回答说："你不是一个有信仰的人。我们为什么要把时间浪费在没有信仰的人身上？"

客户对德雷珀的推远做出了回应——他突然对德雷珀的想法产生了兴趣，并集中注意力。他让德雷珀重新坐下。

在几年前的一次会议上，我遇到了最突出的一次推远/拉近策略的运用，有位听众试图把他的意志强加给我。

当时我得到了一个机会，可以向几位在百亿美元级市场上具有影响力的投资人推销我的项目。这种机会我怎么会拒绝呢？于是，我争取到与他们单独会面的机会。会议组织者向我收取了1.8万美元的费用，所有流程都是他们安排的。

我很高兴地付了钱，搭乘公务飞机去了丹佛（Denver），期盼着这个发展新业务的好机会。吃完早餐，我前往会议室准备我的推销宣讲。但当我走进会议室的时候，我被眼前的景象吓着了。

房间里有25个人，这超出了我的预想。更让人吃惊的是，他们既不是投资人，也不是买家。他们是金融调查分析师。我摇了摇头，简直不敢相信。

金融调查分析师，顾名思义，就是根据事实和数据分析并评估项目的人。这些人是用大脑的新皮层思考的人，他们很难被说服，因为他们接触的都是数字，在避免感情用事上可谓训练有素。你可以想象一下一群穿着体面的机器人对你的一言一行不断挑刺的情形。和一个这样的人打交道就已经足够艰难，但我如今要面对25个这样的人。并且他们之中没有任何一个人有决策权。这可能是我遇到过的最难搞的一席听众了。

会议室的桌椅被摆成了U形，而我顾不上紧张与不安，走到了U形桌椅的中间。在开始推销宣讲之前，我分发了项目材料——一本漂亮的56页的方案手册。

这本手册概述了一种名为"分支"（bifurcation）的新型金融技术背后的数学原理。这种技术可以有效地扩展利润空间。当这群人开始一页一页地研究这本手册的内容时，我开始了我的项目宣讲。推销宣讲时该做的事情我都做到了——至少我是这么认为的。但我的宣讲内容只能激发多巴胺的分泌，而不能激发去甲肾上腺素的分泌。也就是说，我的宣讲展现的尽是奖励，而没有紧张。我抬头看了一眼听众，希望看到笑脸，或是听到这些分析师的踊跃提问。可我看到的只是一张张如石头般冰冷的脸。现场一片安静，没有一个人提出问题。想象一下你看着25尊混凝土雕塑的情形。我从来没有在推销过程中遇到过如此缺乏回应的情形！但这并不意味着我没法走进这些人的内心，只是他们有强大的分析框架，不容易被打破。

我说："既然你们想不出任何可以问我的问题，那就让我把我的手册收回来吧。"我开始逐一从他们手中取回我的手册，有时温柔，有时强硬。这时他们才意识到：我掌握了重视框架。现在他们开始有失去的感觉了，于是接二连三地向我问问题。在接下来的两年里，我和这些人共同完成了超过500万美元的交易。

想要吸引目标对象的注意力，你必须制造紧张感———一种较为轻微的冲突形式——来引导交流。如果没有冲突，目标对象可能只是礼貌地"听讲"，你和他们之间并没有产生真正的联系。目标对象可能在想："他看起来人不错，他的想法听起来也不错，但我现在还有其他事情要考虑。"

这和你的自信心有关。从前我也害怕制造紧张感，担心自己的言行会让目标对象生气。当然，当你们在一些事情上认同对方的时候，你会感觉很棒。你会认为这就是你的人格魅力。但如果这种魅力没能持续太久的话，事情就会变得乏味了。这时，目标对象可能只会站起来说："真精彩。"然后转身就把你忘记。目标对象喜欢参与挑战，而不会想要唾手可得的东西。

如果要从我的一些失败推销中总结教训的话，那就是我和我的听众都太友好了。我们都彬彬有礼，没有紧张感，也没有冲突。冲突是人与人之间建立有趣联系的基础。

作为商界人士，我们聚在一起是为了寻找问题的解决方案，而不是让对方认为问题已经解决了。如果你没能让目标对象去应对挑战，即没能用推远/拉近的方式创造紧张感的循环，那么你的推销宣讲就没有达到要求。

推销宣讲也可以被认为是创造紧张感的循环。先推远，再拉近。制造出紧张气氛，然后再化解它。

当你和目标对象之间不存在紧张感时，双方对正在发生的事情就会失去兴趣。对方在其中也会缺乏情感上的投入。换句话说，对方并不关心你做了什么，你为什么要这么做，以及你走后要推进什么事。没有紧张感的循环，你就没有让对方认真跟着故事线走的资本了。

推销的核心

当你通过创造渴望和紧张的情绪来获取大家的注意力之后，你就可以开始传达你的核心内容了。但你要抓紧时间，因为你调制好的多巴胺和去甲肾上腺素美酒只能在对方的大脑里奏效几分钟时间。正如我们之前讨论过的，无论你多么努力，超过了时间，目标对象的渴望都会变成恐惧，紧张也会变成焦虑。

快速推销最大的难题是决定在对方尚保持着注意力时要呈现什么细节——哪些要详细，哪些要简单。我认为买卖公司或者筹集资金的推销结构非常适合用来讨论这个主题。理由是我在资本市场工作了15年，这是我最熟悉的市场。另一方面，这个市场为我提供了一个非常好的试验平台，因为这些一手数据和反馈都是我工作中现成的资料。对此，我也已经形成了一套方法论。

实际上，推销宣讲的核心内容非常简单。最重要的观念便是：你头脑中想的事情并不是目标对象头脑中想的事情。你需要为对方的鳄鱼脑准备专门的宣讲资料，比如大图景、强烈的对比、视觉刺激、新奇事物、高度概括的数据结果等。

在把时间花在你要展开宣讲的内容上以前，请先检视以下内容，这些内容是大多数情况下都会涉及的问题。它们可以被视为先决条件。无论面对什么情况，你都要保留它们。这些是你至少要展示的重要信息。

你要认识到，在你把一份商业计划书完美地转化成一份执行概要或任何快速的推销宣讲之后，你仍可能会遭遇惨败。把这件事处理好的关键不在于推销人员优秀的信息组织能力。看到这里，你是不是想反驳我了？其实，我们不需要运用那么多复杂的信息组织方法来处理这件事，只用最基本的工作技能就够了。我们需要的是一种呈现方法，让目标对象不用埋头分析，就能了解这些材料。

当你思考推销时要重点关注什么信息才能更好地传达你的创意时，我会推荐你先讲预算，因为大多数人都栽在预算环节。这是你表现独特性的机会。

玩数字游戏的推销方法

戈登·贝尔（Gordon Bell）在他的《高科技风险投资》（*High Tech Ventures*）一书中写道："初创公司往往会准备一些大胆而过于乐观的计划。这些计划成功的可能性非常低，只是为了增加公司的估值而已。"无论是针对一个产品，还是针对一家公司，你的财务计划都应该回答下面这些基本的问题：公司实力如何？如果计划出了问题，公司是否有足够的资金撑过几个业绩不好的季度？如何合理地规划预算？

然而，当你处理这些问题时，你需要注意的是，每一位有经验的买家和投资人都知道你的这两个把戏：

1. 你是走"保守预算"的套路。

2. 你提出的大胆积极的计划其实难以执行。

对投资人来说，所有的项目方案都大同小异：我们现在需要很多钱，将来我们会赚回来的（实际情况是，有时可以赚回来，但通常赚不回来）。

许多成长型公司的最大问题就在于做了不切实际的财务预算和错误的成本预估，尤其是初创公司。那么，你该如何绕开这种固有的质疑声呢？答案是集中精力展示自己的预算规划能力。但我要告诉你，想要做好这一点并不容易，需要有出众的执行能力，这是一种不可多得的天赋。不要花时间展示自己的收益预测能力——我相信这是傻瓜都能做漂亮的事情。

分析竞争者

当你介绍预算的时候，目标对象肯定会开始思考：项目的竞争者是谁？这是一个不容忽视的问题。一个创意的吸引力取决于它所在行业的竞争程度。但目前大家在展现自身所面临的竞争时，似乎都做得不好。我们要在具体的推销过程中进行分析。竞争有两大要素：

1. 市场准入门槛有多高？
2. 客户切换产品的成本有多高？

独特竞争力

为了避免让人认为你的想法只是精彩一时，很快就会被市场抛弃，你需要告诉对方你是基于何种能力或资源才掌握现在的竞争优势的。这一点能让你在竞争中保持优势地位。在任何推销场合，你都需要展现自己的独特之处。我把它概括为"独特竞争力"——你和别人不一样的竞争优势。

你不需要天花乱坠地讲太多——用不超过10分钟的时间来描述你的创意即可——因为你需要在最后5分钟来提出条件和构建框架。

你觉得快节奏不适合你？难道你想悠闲地花上1个小时？我遇到过很多不肯承认人们只会在有限的时间内保持注意力集中这一事实的人，他们老是觉得自己稍微延长时间影响不大。一位投资银行的投资人曾跟我吹嘘："我就算对着客户读1个小时的电话簿，他们也会认真地听下去。"按照他的说法，我们先前所讲的与注意力有关的知识都是错误的吗？我们是不是可以不理会多巴胺和去甲肾上腺素了呢？

让我们看看演员杰瑞·宋飞（Jerry Seinfeld）[1]的例子。他的电影《喜剧演员》（*Comedian*）讲述了关于喜剧表演的幕后故事。在电影里，宋飞道出了在观众面前表演的难处。他家喻户晓，可以说是世界上最著名的喜剧演员了。当然，还有克里斯·洛克（Chris Rock）、戴夫·查佩尔（Dave Chappelle）和罗宾·威廉姆斯（Robin Williams）。但说真的，你再仔细想想，杰瑞·宋飞还是极具分量的。

当决定走向街头尝试新的表演方式时，宋飞表示这并不像人们想象的那么容易。他可以在任何地方开始表演，甚至在偏远的小镇。观众非常清楚他的名声和成就，这位喜剧演员单靠拍电视就拥有超过10亿美元的收入。见到这么出名且风趣的宋飞本人，观众当然会非常兴奋，但这种兴奋不会持续太久。

宋飞说："我只有3分钟的时间让大家认真听我说话。之后，观众的注意力可能会迅速消退。3分钟过后，我的优势就没有了，我就得像其他喜剧演员一样卖力表演了。事实就是如此，仅有3分钟。"

我还知道关于宋飞的更多故事。宋飞能够意识到这3分钟的时限规律，是因为对于这3分钟的高质量内容，他需要全职地工作一个月时间来准备。在他第一次出去巡回演出时，他几乎用上了事先准备的所有素材。台上一分钟，台下十年功。他要花几个月的时间来积累20分钟的表演素材，才足以持续吸引观众的注意力。这值得我们好好反思。作为世界级的演员和主持人，宋飞会付出数月的努力来积累20分钟的素材，而当他最终登上舞台时，观众通常只会允许他有3分钟的表演上的松懈。之后，除非他的表演真

---

[1]　美国著名喜剧演员。

的精彩绝伦，否则观众也不会买他的账。

因此，当我们在构建自己的框架，安排推销时间的时候，请牢记杰瑞·宋飞的故事，他告诉我们推销时间无比珍贵：听众会对你感兴趣多久呢？

也许真的有人能把推销搞得像照读电话簿一样容易，还能让听众持续听1个小时——这可是人类集中注意力极限的3倍时长。然而，如果真的是这样，那这位仁兄肯定要比宋飞或其他演员更具智慧和魅力才行。

第三阶段：提出条件

在推销的第三阶段，你需要完美地呈现你的合作方案。为了节省时间，你仍要用最快的方式完成这件事，然后回到框架的构建上。

请保持语言简明清晰，明确告诉对方你所提供的服务的内容、时间和执行方案。如果需要他们参与其中某个环节，则向他们解释其角色和职责。不要讲太多细节，为他们提供概括性的事实即可，但要保证他们知道自己需要了解的信息，这样他们对条件的认知才会完整。

不管你提供的是产品、服务、投资还是无形资产，都会有一个执行过程，这是必须向客户解释的事情。

请保持简洁，但要有丰富的高级细节，这样对方对自己要付出什么、会得到什么就不会有异议。记住，在推销过程中，你最应该展示的是你自己。

第五章

框架堆叠和认知热度

目标对象把时间交付给你，是因为他们想在不一样的领域学习新知识和新思路，认识各种见解独特、风趣幽默、有才华的人。

在了解你会如何走出困境之前，没有人会想和你做生意。告诉别人"我是个好人"是没有用的。这是一个毫无价值的陈述，因为你没有任何故事来证明它。

PITCH
ANYTHING

在第四章中，我介绍了推销的前三个阶段。到了这个时候，你已经让目标对象的注意力停留在你身上好久了。对方已经了解了一些基本信息：你是谁，你的想法的重要性，它要如何实现，你的独特竞争力是什么，以及达成合作后能获得什么利益。不过，你不仅仅是来展示和讲述方案，这可是一次推销，你是来达成合作的。现在你有大概5分钟的时间来提出一些具体的、可执行的事项——你完全可以把它们呈现得非常有诱惑力，让对方反过来追随你。

欢迎进入第四阶段。

第四阶段：框架堆叠和认知热度

在我多年来为各种项目筹集资金的过程中，我发现投资人不只是会用冷静和理性的头脑进行思考。否则，坐在台下的听众就都不是人，而是分析机器了。

　　目标对象可能在了解项目细节前就对你的项目做出好恶判断了。也就是说，他可能会在不知道项目具体内容的情况下就做出"成交"或"不成交"的决定。这就是工作中的认知热度。在完全弄清情况之前就决定喜不喜欢这件事——这就是认知热度。

　　多年以来，经理人、咨询师、银行家和金融学教授的言论让我们相信，商业活动是理性的。这很合理。做出每个商业决策都要经过三个按部就班的步骤：识别问题、评估解决方案和做出最终的决策。这有一定的道理，在理想的经济社会中，这么做是应该的。事实上，如果你用一张白纸来帮助自己做决策，那你可能就是这么做的：研究、分析、决定。如果我们像电脑，或者像那些理性的经济学家所认为的那样行事，那么整个事情的发展路径就会如此。但我们不是机器人，所以在做决策时，我们的表现并不会如预期的那样。吊诡的是，在做决策的时候，我们又会相信这是"经过深思熟虑"的决策。人们总觉得自己是聪明、谨慎、理性的决策者。

　　然而，在做决策时，我们不会进行太多的分析，甚至完全没有分析过程，我们靠的就是自己的直觉。当杰克·韦尔奇（Jack Welch）出版自己的传记时，他没有把书名定为《深入分析》（*Intense Analysis*），而是叫作《全凭直觉》（***Straight from the Gut***）[1]。乔治·索罗斯（George Soros）在修订最新版的《金融炼金术》（***The Alchemy of Finance***）时，引入了弗

---

　　[1]　本书的中文版书名为《杰克·韦尔奇自传》。

拉维娅·辛巴利斯塔（Flavia Cymbalista）博士的研究，该研究认为我们用身体而不是脑子做决策。

这就是人脑具有而电脑没有的特征，而经济学家口中的"理性经济人"也不具备这一特征。我们的身体"知道"我们在生活中遇到的各种状况，并为我们做出各种应对决策。

《连线》（Wired）杂志刊登了一篇颇具争议的文章，标题是《脑部扫描能够在你做决定前预见你的决定》。文章的第一句是这样写的："你可能认为要读这篇文章是你的理性决定，但其实你的大脑在你意识到这件事之前就做出了这个决定。"这里援引了德国马克斯－普朗克研究所的神经学家约翰·迪伦·海恩斯（John-Dylan Haynes）的研究，他说："你的决定会极大程度地受到大脑活动的影响。到你的主观意识开始发挥作用的时候，大部分工作其实已经完成了。"

他在脑部扫描图像中发现了非常一致的预测规律——在人们意识到自己做决定之前的7秒，要用左手还是右手按下按钮的决定就已经产生了。因此，你还坚持认为你的决定是经过深思熟虑后才做出的吗？或者换种说法，你还认为你是经过理性分析后才做出决定的吗？如今坚持这种想法的人越来越少了。

在对事物有透彻了解前，我们已有好恶倾向

在选择朋友、职业或者决定周末去看什么球赛之类的事情前，人们通常不会有意识地去分析细节利弊。如果我们停下来好好想想，就会明白许多重大决策都不会由冷冰冰的认知过程，例如评估和分析来完成。相反，这时起作用的是认知热度。很快你就会意识到，我们生活中的大部分决策都是由这个"认知热度"主导的。

在大部分时候，我们收集来的各种资料都没有被用作大脑做决策时的参考。它们常常被用作事后印证。我们买下"心仪"的汽车，选择我们认为"条件优良"的工作和房子，然后用大量的事实和说辞向其他人证明我们的选择是正确的。而对于"为什么要做这个项目？"或"为什么要投资它？"，我们不需要用事实和说辞来说服自己。我们知道自己喜欢什么。即使我们尝试用了理性的方法——列出做或不做的理由，如果结果不是我们想要的，我们也会重新列出理由，直到结果符合我们的期望。

如果你在乔治·索罗斯创立的量子基金中投资了1000美元，那么现在你就有大约400万美元了。然而众所周知，索罗斯经常会根据自己腰疼的感觉或其他身体信号天马行空地更改自己的投资策略，这可是上亿美元级别的市场导向。

弗拉维娅·辛巴利斯塔博士研究过索罗斯和他的金融决策，她写道："这听起来可能像是玄学，但事实上，人类的思考行为一直会受身体的各种反应影响。交易员需要学习识别和区分这些身体上的紧张反应，并将它们与当前市场问题的分析联系起来。显然，索罗斯掌握了将理论和直觉结合起来的赚钱方法。"

乔治·索罗斯的"腰疼决策法"与杰尔姆·布鲁纳（Jerome Bruner）博士的研究是一脉相承的。布鲁纳认为："人类有两种认知功能，即两种思维模式。每种模式都提供了一套独特的方式来整理经验和构建现实。"布鲁纳将"构建现实"的一种模式称为"范式模式"（你可以把它理解成侦察思维）。在范式模式下，目标对象能够从你的推销宣讲中获取信息，并以"理由充分、逻辑严密和实证观察"为标准进行分析。换句话说，你提供的信息会被分析。如果你强迫自己的听众进入这种模式，他们就会极力寻找一套范式来解释你的行为。你的听众或目标对象在范式模式下只会做一件事——努力分析。你所有的创造性概念、结果预测以及理性推论，都会被这种分析型或范式模式型的人无视，唯一有价值的就是冰冷的事实。

在推销过程中，我们不会想与认知热度下降的大脑新皮层打交道，不会希望将目标对象推向范式模式。我们不需要听众对我们提供的数据进行量化分析。当然，前提是我们的数据经得起推敲。我们也不必害怕压力测试——和听众的关系稳定下来后，我们会安排时间让他们进行冷静分析。

创造认知热度

为了避免目标对象对我们的想法进行冷酷分析和无情感判断，我们可以通过框架堆叠的方式来创造认知热度。其实，我是碰巧学会框架堆叠的。

如何进行框架堆叠

我有一部分工作会涉及与合伙人共同购买"违约债务"，尤其是那些高风险债务。这是一场硬碰硬的商业较量，你不是赚一大笔，就是亏得一分钱不剩。从2008年到2010年，我的合伙人完成了大约2.5亿美元的交易。然而，在这一领域，2.5亿美元对与我们共事的百亿美元级的对冲基金和华尔街巨头来说是小巫见大巫，比如花旗集团、高盛集团、摩根大通集团等。我们的成功是基于高度灵敏的市场嗅觉和小而快的交易，规模大概在2000万到5000万美元之间。我们就像在象群中奔跑的羚羊。在这个游戏中，如果你感觉到有一只大脚要踩下来了，你就会跑起来，因为摩根大通和高盛这些大象级的公司踩下来的时候根本没有感觉，但这对渺小的你来说却生死攸关。

2008年6月，这个市场刚刚开始急剧下滑，于2009年3月触底。我们知道事态严重，但我们不知道事情接下来会糟糕成什么样子：菲尼克斯（Phoenix）的房地产市场一度在单个月内下跌9%，道琼斯工业指数每天出现100点的上下波动，都已经是寻常的事了。所有华尔街交易员都知道，在市场动荡时期做交易要格外小心，因为一失足就可能万劫不复。

购买别人出手的不良资产听起来应该不难。毕竟在市场崩溃的环境下，几乎每个人都想出售手上的不良资产。

当时，我正在和资产规模最大的一家银行交易。关于这笔交易，我需要借助他人的视角进行分析，所以我求助了我的同事迈克。在这类交易中，他有丰富的经验，不管怎么说，有不同观点可以参考总比孤注一掷要好。当时我认为对方提出的价格太高了，因而对这笔交易犹豫不决。

一个周三的晚上，我工作到深夜时，电话响了起来。这是那家大银行的交易员打来的，之前他已经给我打过4次电话了。我的鳄鱼脑此时已经拉响了威胁警报。为什么这家3000亿美元规模的银行会对我如此殷勤？市场上一定有比我更好的买家吧？但当我开始和交易员交谈时，我意识到他并不是在用传统的方式向我兜售这笔资产。

"奥伦，只要我们完成这笔交易，我知道你有决定权，我就会把你介绍给我们的资深交易员约翰·金凯德。"他告诉我，"他也是个出手不凡的狠人，跟你一样。你们可以建立起密切的伙伴关系，他会向你介绍大交易，那种不是我这个级别的人能接触到的交易。"

这是创造认知热度的第一步——用亮点来提升吸引力。他知道我想认识他们的资深交易员，从而拿到做更大交易的机会。

这个交易员接着说："你知道现在市场很火爆，有来自法国、英国、南非的买家求着要做这笔交易，但如果你有诚意，不玩转手交易的把戏，你得到这个机会的可能性更大。"他说得对，这笔交易的确很抢手，而他说的那些买家都是投机分子。

这是创造认知热度的第二步——重视自己以提高地位。虽然我才是买家，但他却要我证明自己。我需要给他留下深刻的印象，这样我才可以争取到这笔交易。

他继续说："我愿意等你，帮你把这笔交易留到下周，但你知道市场不是由我们决定的，你要在周五之前给我答复。并且我接受你说'不'，不会给你任何压力。但周五就是最后期限。"

这是创造认知热度的第三步——构建时间框架。他给我一定的时间思考，再做决定。这不是一种时间压力，而是一种合理的时间限制。最后，决定权还是在我手上。

他接着说："我还没告诉你，今年我们在没有证券交易委员会制裁的情况下，已经进行了1500亿美元的交易。所以现在我们非常注重自己的声誉，选择合作伙伴的时候也非常谨慎。我们有一说一，不玩把戏，没有暗箱操作，只有白纸黑字。我们的报价是合理的，就这么简单。你能按规矩办事吗？"

这就是创造认知热度的第四步——树立道德权威。我向他保证，尽管我的公司很小，只是圣迭戈郊区的一家2.5亿美元规模的新兴公司，但我清楚游戏的规则，并且会按规矩办事。

交易员的这一系列攻势，让我从头到尾都没有感觉到他是在向我推销。我往常的交易思考流程被这四个框架的堆叠给打乱了。这位华尔街交易员对我的框架攻击实在太绝妙了：我被他给出的条件所吸引，而且竟然开始想办法让对方认可我，好像这样我才能争取到这笔交易。他用了一个较短的时限来把我控制起来，但我没有感觉到压力，反而想向对方证明我具有良好的商业道德。此时的我成了一个任人摆布的木偶。我大脑中负责冷静分析的程序不仅被他的框架打乱，还直接被关掉了电源。我的大脑新皮层罢工了，而鳄鱼脑则浑然不知地在他布下的认知陷阱里享受着。在当时的情况下，我简直想立刻定下这笔交易。于是紧接着第二天，我就给这位交易员回电话说："把合同发给我吧。我决定买了。"

毫无疑问，交易员的这一招对我很管用。幸运的是，它对迈克也起了作用。

不久，迈克·汉森就打电话给我，向我吹嘘说他拿下那笔交易了，并且是从我手里偷偷抢走的。那我真要感谢他。两年后，他在这笔交易中得到的资产仍然下跌了15%，并且每天都在赔钱。这笔交易对他来说就是灾难。但对我来说，结果还不算差。

我从这次经历中学到了"创造认知热度的框架堆叠四步法"。

几年后的今天，我的这套方法已经可以适用于各种各样的推销场景，并且在堆叠框架的过程中，双方都能享受其中。它能让氛围紧张起来，让思考情绪化，从而让目标对象快速决策。所以只要目标对象开始冷静分析你的项目，你就可以把这套方法派上场了。

要让这套方法起作用，你只需要运用好在第二章中学到的几种框架。你要做的就是学习如何将一个个框架堆叠起来，从而制造认知热度。换句话说，就是创造一种"渴望"的心态。

具体来说，我们并不是要让目标对象"喜欢"上我们，因为"喜欢"上某样东西是要由大脑新皮层来完成的缓慢且花费脑力的工作。这不是我们要管的事。我们需要的是能创造认知热度的高温框架。我们运用框架来确保对方的鳄鱼脑对我们产生"渴望"的感觉，并向我们靠拢，甚至主动向我们争取合作。好了，现在让我们试一下吧。

下面是我们要快速连续堆叠的四个框架。（如果能做好框架堆叠，就能快速到达推销的最后一步——设定锚点。）

创造认知热度的第一个框架：亮点框架。

创造认知热度的第二个框架：重视框架。

创造认知热度的第三个框架：时间框架。

创造认知热度的第四个框架：道德权威框架。

创造认知热度的第一个框架：亮点框架

在第二章中，我们讨论了基于框架的推销方法，并介绍了亮点框架。现在我们就要用上它了。我们的目的是将大量多巴胺注入目标对象的鳄鱼脑，并燃起他们的"渴望"。通常我的做法是向对方提供一些他们想要，但是不能立刻得到的东西。

在最近的一次推销中，当我提出最终的交易条件后，对方仍然纠缠在各种技术问题里。这时，我就搬出了亮点框架。

我对他们说："诸位，在讨论财务细节之前，让我先来看看你们是否喜欢我这个人，是否真的对这笔交易有兴趣。如果你们确实看好这笔交易，我就带你们去见见我的合伙人乔舒亚。他很有趣，非常优秀，但有点怪。"

随后，我开始判断自己有没有成功吸引他们的注意力。人们通常都喜欢听有趣的和有点古怪的人的故事。

"去年，正值市场动荡的时候，我做了一笔小交易，大概1000万美元规模的样子。"我跟他们说，"这看起来不难，因为交易额不大，所以我一个人把这事接下了。事情进展得很顺利，可银行突然打来电话，跟我说要撤资。没有任何解释，我只知道被撤资了。这导致我的交易计划出现了300万美元的资金缺口，而这也意味着交易即将告吹。这真是出乎意料，我相信如果公司董事会发现我把这单生意搞砸了，他们一定会开除我。所以我得去求见乔舒亚。"

我的听众聚精会神地听着。他们想知道这个问题是如何解决的，乔舒亚又是何许人也。他们对我的故事非常好奇。

"乔舒亚问我：'奥伦，这是笔好买卖吗？'我说：'是的，很好。让我来为你梳理一下整件事。'但他没有停下来听，而是跑去吃午饭了，甚至没有给我时间听我求他。我该怎么办呢？我必须保护投资人和我自己。我想说服乔舒亚，希望他想办法挽救这笔交易，可他一心只想吃眼前的午餐。最后，当董事会的电话打来时，我觉得我只能认命了。但不知道为什么，他们竟然收到了300万美元汇款。是乔舒亚在吃寿司的时候用他的黑莓手机完成的汇款。他没有要求我签任何保证书，甚至没有要求看任何文件。如果他没有汇这笔款，我的投资人就会损失很多钱，我的声誉也会受损。关键是，他经常这么干。等你们见到他的时候就会知道了！"

这就是那种目标对象喜欢听的故事。乔舒亚，这个神秘的人是谁？我们如何能认识他？这个故事之所以吸引人，是因为它不是讲发生了什么事，那样就很无聊了。重要的是故事发生在哪个人身上，以及这个人对自己处境的反应。没人会关心一件你也只是道听途说的事。他们希望看到有人真的是受环境所迫，然后积极地采取行动克服困难。你只要想想目标对象坐在那里听你推销的原因，你就会明白亮点框架是很有意义的。

目标对象把时间交付给你，是因为他们想在不一样的领域学习新知识和新思路，认识各种见解独特、风趣幽默、有才华的人。

在了解你会如何走出困境之前，没有人会想和你做生意。告诉别人"我是个好人"是没有用的。这是一个毫无价值的陈述，因为你没有任何故事来证明它。

人们想知道你是如何面对困难并克服困难的。他们想看到你在各种事件下所展露的性情，想看到你真正的实力。他们想要知道你能否克服困难，是否和有趣的人为伴。无论在什么领域，他们都希望你能和资深玩家为伍。

布鲁纳博士认为，这类故事把目标对象带入了叙事性的思维模式中。在叙事思维里，我们想要从事件中理解现实，即"故事中的人物在这段时间里努力做出有意义的事"。从这个简单的陈述中，我们得出了一个重要结论：你的想法也许太抽象了。请问问自己，你的想法到底是什么？一堆财务报表，一堆时间表，一些客户订单，一份营销计划，一个网站，还有一些绝妙的新点子。你可能多少还有一些营收预测、专业技术，以及对竞争对手和市场时机的分析。可这类信息都太抽象了。

目标对象的大脑并不喜欢抽象的概念——每一个抽象的概念都必须被送到新皮层，才能被慢慢理解，这得费不少脑细胞。

所以你需要用类似的人物故事来进行阐述。这类故事不必被传送到新皮层去处理。例如，乔舒亚的这个故事就是基于真实世界的人物故事：目标对象可以与其中的人物角色相关联。

为什么说故事最能构建起亮点框架呢？了解鳄鱼脑理解故事的方式后，你就知道了。

在叙事思维的模式中，鳄鱼脑能看到人物在特定情境中应对现实困难的能动性。鳄鱼脑能在一定程度上迅速核实事件，因为它可以轻松将其与先前的经验和规律进行对比。如果你展开叙述的这个事件让对方感觉到真实，那么它就是真实的。看起来真实的事件能够营造出很强的说服力。

相较之下，事实和数据并不能让人的内心体验到真实的感觉。如果只呈现事实和数据，那么我们就很容易触发对方的范式模式，它将促使对方运用逻辑而非想象，调用理智而非感受，相信理论而非故事。显然，我们要极力避免让对方陷入这种思维模式。用简短有力的故事体现人物克服现实困难的过程，可以点燃人们的认知热度，同时把对方从范式模式的分析思维中拉回来。

亮点框架的构建有一套标准做法。

构建亮点框架的叙事模式。构建亮点框架就像讲故事一样，不管是真实的还是虚构的，总要有个结构。没有结构，故事就会显得发散，听起来索然无味。而下面这套模式可以让你的故事戴上光环，最终获得吸引人的亮点：

- 首先把人扔进荒野丛林；
- 再加入野兽的威胁；
- 最后看他能否化险为夷。

在这里，身处丛林是面临困境的一个隐喻。攻击他的野兽代表着冲突和紧张感。这些都是故事中的人物要面临的问题，也是他寻求安全地带的动力。一旦他脱离了丛林，紧张感就消失了，故事情节也就没必要继续了。所以如果想构建亮点框架，只要让这个人物保持在从危险区逃向安全区的过程中即可。

我们需要把目标对象很快带入充满冲突和紧张的情绪状态里，从而点燃他们的认知热度。

故事并不一定要以极端的方式来呈现，但至少要让人物经历一定强度的情感体验。这是一个好故事的关键。

为什么要使用这个叙事模式呢？这个将人置于丛林中的叙事模式能让你以一种人性化且有活力的方式传达你的故事，并把故事主角与现实中的你联系起来，帮你展示你在现实世界中的不屈不挠和勇敢自信。

当我们听故事的时候，我们感兴趣的不是发生在主角身上的事情，而是他在遇到这件事情时所采取的行动。故事中的情感力量来自主角，他面临着困难，并最终找到了克服困难的方法。

让我举另一个例子。在这个例子中，我也用了一个引人入胜的故事构建亮点框架。这是我从一位好莱坞编剧那里学到的一种叙事模式，他将其称为"定时炸弹"。

把人扔进荒野丛林。不久前，我参与了一笔1800万美元的交易，我负责跟进其中640万美元的资金募集（剩下的资金由银行提供）。我花了大约10天的时间来募集这笔钱，并和所有投资人达成了协议。谁知道在交易完成前不到72小时，发生了一件意想不到的事情。

加入野兽的威胁。其中一位投资人杰夫·雅各布斯在关键时刻无故消失了。没有他的签字，他的银行是不会把钱汇到我们的账户上的，而我也无法完成这笔交易。那是周五下午，1800万美元的交易就要泡汤了。我想到了最坏的情况：他会不会在他位于马利布（Malibu）的别墅的游泳池里自杀了呢？我脑海里出现了这样的场景：他手捧砖头，留下一张写着"再见吧，这个残酷的世界"的遗书。我整个周末都在找他，但是没有找到。到了周一早上，我只剩下不到8个小时来找他，并拿到他的资金了。所有人都在给我打电话询问情况，包括其他投资人、银行的人、卖家和我的合伙人，催起命来一个比一个疯狂。

看他能否化险为夷。我坐在电脑前，开始给我们的行业顾问和销售人员发电子邮件。我悬赏1000美元来收集这位仁兄的任何信息。终于，有人给了我一个地址和一个电话号码。我打了过去，是一个女人接的电话。太好了，她就是雅各布斯的夫人。

"你是他的妻子吗？"我问。

"是的，先生。"她说。

我简直太兴奋了。"雅各布斯夫人，很高兴找到你，"我对她说，"你能代表你丈夫在这些文件上签字吗？我询问过了，妻子可以代替丈夫签字。要是可以的话，我会非常感激的。我还可以开车把文件送到你家〔她在棕榈泉市（Palm Springs）〕。"

"噢，你说这是为了帮杰夫？"她友好地问道。

"是啊！"我说。

"嗯，你知道我很乐意为你这么做……"

我打断她："太好了！"

可是她也打断了我。"但是我和那个白眼狼浑蛋已经分开11年了，"她告诉我，"我要是代他签字的话，我会下地狱的。"

听到这个消息，我放下手头的一切，立刻动身奔赴棕榈泉市。

这是用叙事模式构建亮点框架的很重要的第四步：把人带到丛林的边缘，但不要把他带出丛林。换句话说，亮点就来自事情尚未解决而自带的悬念感。

为了保持亮点的作用，让故事能引发情感共鸣，创造认知热度，我通常不会把故事讲完（哪怕结局很精彩也不会，要放在最后讲），而是转到下一个框架——重视框架的堆叠上。

创造认知热度的第二个框架：重视框架

正如我在第二章中提到的，重视框架，或者说重视这件事本身，能够帮助你把自己放到整个项目中最重要的位置上。重要的是你，而不是谈判桌另一边的人。一个好的重视框架能够打破既有的框架。即便是你在做推销，重视框架也可以让对方反过来追随你，卖力争取你的认可。

我举一个简单的例子。那是我在加利福尼亚州兰乔圣菲（Rancho Santa Fe）的海伦伍德沃德动物收容所的经历。那一次，我第一次见识到对方框架的压迫，他们扰乱了我的气场，让我的地位急剧下降。一进动物收容所，我就表现出典型的英雄式框架，我向工作人员表示："我来这里是要拯救一只无家可归的可怜的狗。"我确实是要做这件事。要是有哪只小狗能给我留下深刻印象，它就能幸运地和我住在一起，终生享受免费的一日三餐和日常照料。很快，我找到了我喜欢的狗，并准备支付费用，完成这场伟大的救援行动。我当场就给这只狗起了一个名字："点点"。但慢着，我竟被工作人员按住了！

"不好意思哦，先生。"

这句话是"领养顾问"说的。她20岁出头的样子，如果她是你妹妹，你会想劝她少用点发胶，而且别用那么难看的亮紫色眼影。

"您的家庭情况怎样？"她问道，"您有小孩吗？您是做什么工作的？如果您家的后院不够大，我们不建议您养这样的宠物。当您要工作的时候，谁来照顾它呢？请提供代养人的联系方式。你的收入水平如何呢？"

太强硬了吧！这位23岁的挑染着粉色头发的志愿者竟然告诉我，我可能不配拯救这只无家可归的小狗崽。此时我的英雄式框架被打破了，我只好忙着为自己辩护，举例说明我真的是一个好人。

我回答了她的问题。她点点头，我就准备好付钱拯救这个小家伙了。再等等！接下来，我还得填一份申请表。然后我被告知几个小时后才能回来看审批结果。进来的时候我是英雄，但现在这个收容所把我变成了一个乞求者。我求他们把我看作良好公民，还要向他们证明我有资格收养一只无家可归的，被上一任主人抛弃的，甚至还不知道会不会用便盆的小动物！我成了很普通的存在，而"点点"成了我要努力争取的东西。这个收容所成功地把框架反转了。

让我再举一个推销时使用重视框架的例子。因为推销是我的专职，所以我会从比较具体的事例中总结出通用的方法，让你尝试参考着构建自己的重视框架。你可以在推销快结束的时候输出这样的内容：

"诸位，我很高兴能有时间来这里向你们展示我的项目。要知道，我不一定每一次都会跟买家见面。刚才我们聊得很开心，但我得打住了。我还有一个会议要参加。我知道大家都很忙，而这个市场中像这样的好项目并不多，显然我的项目是更出色的，我很高兴我的项目能满足市场的需求。我不得不严肃一些，我会判断哪些投资人更适合这个项目。在这个项目继续推进之前，我需要更多地了解你们的信息。我手上已经有你们的介绍和关于你们声誉的评价了。但是，我必须谨慎挑选合作伙伴。我得说服我的合伙人乔舒亚接受新的投资人，他会想要知道为什么我认为你们是优质的合作伙伴。你们能告诉我理由吗？"

来分析一下，我在这段声明中做到了哪些事。我构建了重视框架，基本元素包括：

1. 我手握市场上比较优质的项目；

2. 我对合作者比较挑剔；

3. 看起来我可能会和你合作，但我还需要掌握更多资料来判断你的合作资质；

4. 请给我提供与你有关的资料；

5. 我需要弄清楚我们能否友好合作，成为好的搭档；

6. 你的上一个合作伙伴是怎么评价你的？

7. 当合作出现问题时，你会如何处理？

8. 我的既有合伙人也很挑剔。

重视框架会创造认知热度，它会向目标对象的鳄鱼脑发出信号，让他感觉你是一个强者，你不一定需要他，你不会向别人乞求合作机会。

心理学家罗伯特·扎伊翁茨（Robert Zajonc）博士在《美国心理学家》（*The American Psychologist*）杂志上撰文，描述了认知热度及其情感过程的重要性。例如，他认为，某人认为"你是朋友"或"你是坏蛋"并不重要，重要的是这个人说这句话是出于喜爱还是蔑视。"朋友""坏蛋"都是冰冷的事实信息，其中传达的喜爱或蔑视的感情才是能创造认知热度的部分。研究人员发现，热信息所提供的信息量是普通信息的22倍。

与其他框架不同，构建重视框架在很大程度上取决于你的信念有多坚定。在前面提到的例子中，我已经展示了重视框架的外在表现内容，也就是你需要对目标对象说的话。然而，重视框架并不仅仅源于你说的话，也源于你内心真正相信的东西。下面是你要完成的心理建设，是你要对自己说的话，这些话可以充分激活你的自信，让你为构建重视框架做好准备：

· 我是重要的。

· 你要给我留下好印象。

· 你要赢得我的认可。

随着时间的推移，当你将这些话内化成你的精神后，你会开始发现，重视框架并不仅仅依赖于说出的话和写下的字。它更多依赖的是你的信念：什么是重要的，谁才是重要的。

创造认知热度的第三个框架：时间框架

当我向波音公司推销一个名为"Geomark"的项目时，我是这样构建时间框架的：

"我们公司的Geomark是一个很好的项目，我们不需要隐瞒什么，大家都心知肚明。我是第三次来贵公司总部参加会议了。我已经很了解贵公司的整个团队：4名高管、3名工程师和2名顾问。为什么你们会在这里？因为你们看好这个项目，并且你们也应该看好它。这个项目在市场上可是炙手可热，这不是秘密，我从来没有以此向你们施加压力，但我们也不能忽视这一事实。出于这一点，我们得在下周就针对这个项目做出决定。为什么只有一周时间？因为这是由市场控制的。这是一个听起来比较残酷的事实：我们必须在7月18日之前决定是否与你们合作这个项目。"

关于时间限制对人们的决策会造成什么影响，我们已经研究了上百年了。这么长时间以来，人们做决策时的天性并没有多大改变：在几乎所有情况下，施加时间压力都会使决策质量降低。的确如此。举个例子，你告诉一个人这辆车只有今天买得到，明天就买不到了，那么他下定决心买这辆车的概率就更高。为什么类似策略如此有效？因为大脑中存在一种稀缺性偏见，错过一个好项目的潜在风险会引发恐惧。但它也不能被滥用，毕竟我们不想让项目沾染上这种20世纪80年代廉价销售策略的味道。我们希望客户把我们视为专业的代理人，给予我们足够的信任。所以我倾向于不要使用太多时间压力策略。要是用得过火了，会让人感到匆忙，而且显得很低级。但话说回来，时间限制是所有交易的重要影响因素。因此，你必须在公平和压力之间找到平衡，设置真正合理的时间约束。

你可以这样表达你的时间框架：

"我相信没有人会喜欢时间压力。我不喜欢，你也不喜欢，没有人喜欢。但好项目就像一列火车，或者说一列名为项目的火车。它在车站停靠，等待投资人上车，并设定好出发时间。时间一到，火车就会立刻开走，不会等你。

"现在你有足够的时间来考虑你是否喜欢我，以及是否要做这个项目。不过，如果你不喜欢我，你就不可能花时间来听我说话，这一点我们都知道。

"但这个项目本身比我、比你、比任何人都重要，它总会推进下去。市场动态每时每刻都在刷新，我们每个人都要遵循其中的规律，把握时机行事。因此，我们需要在15号之前做出决定。"

就是这样。你不必再做多余的事情了。有了这个简明的叙事模式，时间限制就设定完毕了。你完全不用在施加时间压力的时候表现得过于明显或咄咄逼人。当你说到火车会离站的时候，我想每个人就都心知肚明了。

创造认知热度的第四个框架：道德权威框架

认知热度的思想领袖罗伯特·扎伊翁茨曾经写道："人们互相做出评价，评估彼此的行为以及这种行为的动机和后果。"这一点显然就是我们进行框架堆叠的关键目的。既然无论做什么，发生什么事，我们都会被别人评价，那不如直接去争取我们想要的评价，扎伊翁茨将其称为"创造渴望"。

因此，虽然不少推销人员苦心打磨自己的财务讲解能力和产品呈现能力，但推销项目的关键其实在于创造出"渴望"的感觉。我不排除还有其他影响推销效果的因素，但最重要的一点还是让对方对你所推销的项目产生渴望的感觉。那么，这一点该如何实现呢？你得在目标对象心中创造渴望，并在推销过程中设定锚点。每一个推销人员都要学会用认知热度来创造渴望的感觉。

你必须清楚，在目标对象的鳄鱼脑认为"想要"之前，你提供的大部分信息都会被鳄鱼脑无视，或至少不会留下太深的印象。

如今我们已经学习了重视框架、亮点框架和时间框架以及它们的运用方法，现在我用另一个例子来让你加深对框架运用和认知热度的理解。

实践中的道德权威框架

世界上位高权重的政治家都有一群追随者对他们言听计从。每位政治家都有一群执行自己命令的下属。

以美国总统为例。如果他下令对敌人的秘密据点进行精准空袭，他手下的人就会开始执行命令，直到最终F-22战机的飞行员完成这次空袭。总统可以把我们带入战争，也可以动动笔头就签下一项影响数百万人的法案。他的框架在他的权威范围内是最强大的。

和世界上的其他领导人一样，美国总统也不喜欢被别人告知应该做什么。一个人想要当上总统，要经历多少磨难，遭受多少人身攻击，所言所行要被怎样恶意曲解，想想就会知道有多困难。然而，一旦当上总统，就能控制这个最精妙、最强大的框架了。但还是有人能下达连总统都会服从，并且几乎是盲目服从的指令。那就是曾担任巴拉克·奥巴马私人医师的戴维·沙伊纳（David Scheiner）。当沙伊纳对奥巴马说转身把衣服脱下来时，奥巴马也会毫无疑问地照做。

每一种社交场合都存在一种基本的、符合人性的规则，我们可以称之为社交互动的"惯例元素"。所有社会成员都是通过社交来树立价值观的。正如前面讨论的，每一次与他人深入接触时，双方都会带有自己的框架，它代表的是不同的观点和视角。不管是否出于本意，双方都早已预置自己的主观框架。所以，社交活动都是带有框架的。基于此，当戴维·沙伊纳这样的医生告诉我们该怎样保持健康时，我们才会毫不怀疑地遵从他的建议，因为他有强大的框架，我们不得不听从。

在现实生活中，医生的框架可能是最强大的。可是在任何时候，它都会是最强大的框架吗？让我们深入探讨一下这个问题。

如果想活下去，就得听从医生的建议。我们对医学工作者怀有深深的敬意。内科医生、心脏病医生、放射科医生、外科医生，这些都是拯救我们自己和我们所爱之人生命的专业工作者。所以当我们与医务人员打交道的时候，遵从他们的指示几乎就是我们的集体潜意识。当外科医生站起来时，我们就会坐下；当外科医生朝检查台挥挥手时，我们就会乖乖地躺上去，扭扭捏捏地想要盖住自己的隐私部位。

毫不夸张地说，不管医生的意愿是什么，我们都会无意识地对之进行响应。而与之对比，医生对我们的态度和举动是没有响应的。我们服从医生，医生只会对我们说的话点头，但不会根据我们说的话做出响应。

医生想穿什么就穿什么，有时是得体的套装，有时是舒适的休闲服，而与此同时，我们却穿着一套普通的绿色病号服，不能穿内衣。由此看来，我们此时的地位非常卑微。如果我们穿着这套可笑的病号服出现在公共场合，我们会留下心理阴影的。医生收入很高，拥有各种闪亮的标签：高学历、体面的工作、20年的专业知识门槛，以及决定生死的实力。

大多数人注定要遵循这套规则。我说的是大多数人。为什么不是所有人呢？我接下来要讲特蕾莎修女的故事，她就是一个例外。

1991年12月，特蕾莎修女在加利福尼亚州拉霍亚（La Jolla）的斯克里普斯诊所住院，接受细菌性肺炎和心脏病的治疗。有这么一位世界名人来疗养，医生们都迫不及待地冲进病房来见她。这时两套框架发生碰撞了。

医生的框架有3条原则：

原则1：照我说的做。

原则2：听从我的专业意见。

原则3：接受我对生死下的结论。

然而，当遇到特蕾莎修女时，医生们发现她是一个不遵守规则，不愿陷入医生的框架的人。

特蕾莎修女的框架是这样的：

1. 物质财富一文不值；

2. 生死不重要；

3. 我们要帮助受苦之人；

4. 富人进天国的可能性微乎其微。

她的框架的力量并不来自财富或经验，而是来自崇高的道德权威：拯救苍生，看淡生死！

当医生们逐个与特蕾莎修女会面时，他们原本强势的框架像多米诺骨牌一样接连倒下。特蕾莎修女没有受到医生的地位的影响，也没有看重医生对她生死的控制。死亡都不是她最在意的事情，可想而知她过去肯定经常无视医生的命令。当医生们陷入特蕾莎修女的框架时，奇妙的现象发生了：医生们无法说服特蕾莎，他们的权威框架被破坏了。

因此，特蕾莎修女轻而易举地说服了这些美国的医生去做他们之前从未考虑过的事情。来到拉霍亚这个圣迭戈北部的富裕社区之前，特蕾莎先去了蒂华纳（Tijuana），这是一个位于美国和墨西哥边境的贫困小城。正是在那里，她看到了美国和墨西哥、拉霍亚和蒂华纳、富人和穷人之间的巨大差距。所以，当这些医生争先恐后地来看她的时候，她感觉到这是一个天赐良机。她问这些医生曾经做过什么事来回馈社会，再问他们是否了解25英里外的蒂华纳小城的医疗条件。大多数人都说不了解。

随后，她要求所有医生都在她房间外的一张表格上签名，承诺自己将贡献一些时间和资源帮助在蒂华纳建立流动医疗诊所。

以往医生们都是框架的主导者，但如今他们却对特蕾莎修女束手无策。他们只能乖乖地对她毕生奉献的事业做出承诺，承诺他们会贡献出自己的时间和专业知识。

过了20天，特蕾莎修女准备出院，这时她成功对加利福尼亚州南部最富有、最聪明以及受教育程度和社交地位最高的人群施加了框架控制，通过在那张表格上签字的人数就能看出这一点。医生们呢？在毫无知觉的情况下，他们的框架被轻易撼动和打破了。

在这个故事里，地位显赫的医生的权威框架被打破了，取而代之的是特蕾莎修女的框架。据《洛杉矶时报》报道："1992年1月16日，特蕾莎修女从斯克里普斯诊所出院。在住院期间，她让医生和护士们成立了一个志愿者组织，通过建立流动医疗诊所的形式为蒂华纳的民众服务。"

当别人问特蕾莎修女是否会好好照顾自己时，她回答说："噢，那当然。"

现实需要框架

创造认知热度，或一系列认知热度，是让目标对象的鳄鱼脑对你和你的项目心生渴望的快捷方法。

但这不是一种推销技巧。在我看来，如果你仅仅把它视为另一种推销技巧，那么你进行框架堆叠的效果就会不尽人意。那些过时的推销技巧是让你用产品特性、价格利益和理性解释来获取客户的大脑新皮层的理解。这些推销技巧通常会让你做三种令人厌恶的事：（1）苦苦哀求；（2）唤起新皮层的理性思考机制；（3）提出带有侵入性的问题。而创造认知热度的方法则恰恰相反。

·认知热度属于大脑的原始反应。当人们兴奋起来的时候，新皮层就很难工作。为了保护我们免受潜在的身体或社交威胁，鳄鱼脑会主导大脑的运转。在如此状态下，我们很难做分析。因此，鳄鱼脑会更容易、更自然地对当下的动态事物感兴趣。

·认知热度是难以避免的。你也许可以控制情绪的表达，但你很难避免内心的波澜。

·认知热度常常能产生即时而持久的影响。你对刚刚看完的那部电影感受如何？你喜欢那辆福特野马新款跑车吗？你喜欢吃蜗牛吗？你肯定从来没有好好想过这些事情，它们都会带来认知热度，即在你一接触它们时，你就对它们有了感觉。

热认知和冷认知的较量

也许热认知和冷认知的最好的类比对象就是巧克力和菠菜了。冷冰冰的道理你都懂：菠菜对身体有益，含有丰富营养，你应该多吃。但当你面前还有一块巧克力的时候，你会选择吃巧克力。

想要检验你的推销效果如何，有一些决定性的标准：目标对象是否想买你的东西？是否愿意成为你的团队的一员？是否有意愿投资你的项目？

在目标对象对你的项目产生好感之前，你到底需要为之付出多少思考呢？如何"完整而透彻"地呈现一个项目？在目标对象得出决定性的"好"或"坏"的结论之前，你需要进行多少理性分析？在你的推销接近尾声时，你不需要等待评估，不然目标对象会进入一种冷静的认知状态，开始思考：这个人好吗？他的项目值得投资吗？相反，你要做的是堆叠四个框架，不断创造认知热度，让对方快速对你和你的项目产生"渴望"的感觉。

鳄鱼脑的热认知的作用那么强大，为什么大多数人还是会针对新皮层的冷认知进行推销呢？我想原因就是我们习惯用理性思考，认为新皮层比鳄鱼脑聪明得多。我们认为，通过我们聪明的新皮层输出的信息，应该要被传送到对方的新皮层中，这样才能更好地让对方消化。这样想是有道理的，因为新皮层解决问题的时候确实非常能干。它有着优秀的语言理解能力、运算能力和创造能力，就像是思维世界中的多功能瑞士军刀。

如果说新皮层是瑞士军刀，那么鳄鱼脑就像一个橡胶木槌——只适合解决简单的问题。它只对少数几种情绪起作用，这些情绪的范围非常有限。鳄鱼脑太单纯了，它无法"理解"我们的聪明想法。我们会想，应该把这个决定权交给哪个呢？是对方全能的新皮层，还是单纯且情绪化的鳄鱼脑？我们的直觉告诉我们应该相信新皮层，但这个直觉判断并不正确。让我们回到第一章所讨论的核心问题上：不经过处理生存问题的鳄鱼脑系统，任何推销信息都别想进入对方大脑的逻辑分析中心——新皮层。正是这样的进化路径，让我们的推销在通过这层过滤系统的时候变得非常困难。

至此，你应该知道我要说什么了：请你把火力都集中在目标对象的鳄鱼脑上，让对方对你的产品产生渴望吧。因为不管你多么努力地向新皮层推销，它都只能判断喜不喜欢你的想法。

热认知是通过感觉来"了解"某件事的内在确定性，而冷认知则是通过评估来"了解"事物的好坏。

正如我们之前所说，热认知的产生是非常迅速的。热认知是通过我们大脑结构中最古老的部分——脑干和中脑，也就是鳄鱼脑产生的。冷认知则是分析性的，在新皮层中产生。冷认知需要大脑去进行计算，花时间来提出解决方案。这就是新皮层的运作方式——随着事件的发展收集信息，并解决问题。你听过"你只需要告诉我客观事实"这种话吗？这就是所谓的冷认知，即通过一个严密的分析体系来处理事件。

唤起热认知不需要花多少时间，但唤起冷认知得花上数小时甚至几天的时间。大多数推销都是在试图让听众产生冷认知，推销人员会用事实和证据来证明他们的想法是好的。

热认知包含了价值。对赚大钱的期待在情感上来说对目标人物很有吸引力。而当你真的赚到这么多钱的时候，却并没有那么兴奋。有研究人员指出，早在货币被发明之前，人类的大脑就对食物、饮料、装饰品和其他有文化价值的物品形成了奖赏强化系统。大脑认为钱就像食物、装饰品和毒品一样，通过钱能够直接获得这些东西。只是当时没有提款机，也没有资产负债表罢了。

乔治·索罗斯曾写道："启蒙运动的哲学家相信理性……他们希望理性能够为我们提供一幅完整精确的现实图景。理性应该像探照灯一样，照亮处于某个角落的正等待被发现的现实。"

正如我们一直在讨论的，现实并非在等待被发现，而是在等待被纳入框架中。通过快速地连续堆叠四种框架，你就能唤起目标对象的认知热度，引导他们产生"渴望"的感觉。然而，就算框架堆叠完毕，我们也只能让目标对象注意我们的时间增加30秒，接下来你还是可能会失败。我们必须在短时间内找到一种方法，将目标对象的渴望转化为行动。但是该怎么做呢？现在你该做什么呢？

第六章

消除渴求感

直截了当地说，渴求感就等于软弱性。寻求别人的认可，暴露自己的弱点，往往就是在走向死路。这听起来可能有些刺耳，却是事实。

即使是在最常见的社交环境中，我们也会陷入渴求感的陷阱，所以你必须时刻注意自己，不要显露出渴求感——这将会严重削弱你的地位和框架力量。

PITCH
ANYTHING

　　这么多年来，我被拒绝过很多次。关于被拒绝这件事，烦人的一点在于人类永远不会习惯被拒绝。当你被"不"字甩一脸的时候，感到失望是再自然不过的了。大家都一样。可以肯定，没有人喜欢被拒绝。我们总是想极力避免被拒绝的感觉。而在失败概率较高的时候，我们难免会心生焦虑。

　　不管是作为商务人士、朋友、邻居，还是普通公民，当我们需要他人的帮助时，我们心中想的都差不多。我们总会认为自己会得到善待。但事实并非如此，我们并不总是能得到善待。所以，我们似乎总是会感到焦虑和不安。

　　在推销的时候，最不该表现出的就是渴求感。这对框架构建来说也是非常不利的。它会侵蚀你的地位，冻结听众的认知热度，也会推翻你好不容易堆叠好的框架。

　　如果你和每天做数百万美元级别的交易决策的投资人交流，他们就会告诉你，寻求认同的行为（渴求感）是交易失败的最大预兆。

四次推销，没有犯错的余地

12年前，我为一家自己参与投资的技术公司筹集资金。公司的现金流很快就要断了，需要一笔很大的资金。那些天，我每天要给风险投资公司打不下50通电话，与很多接待员和秘书交谈，收到无数语音邮件，可没有什么人愿意回复我的电话。

这家公司的经营理念非常不错，不过这在电话里是很难解释清楚的。因此，我需要面对面向人解释。也正因为如此，我迫切地想争取到一次会面机会。我坚持不懈地努力着，在接下来的一周，有几个人接了我的电话，而我就通过电话向他们推销。事情的进展并不顺利。车库科技创投公司的比尔·赖克特跟我说："我想不到人们凭什么要用这个产品，也不知道为什么要投资这个产品。"软银风险投资公司的罗恩·费希尔对我说："拜托，另谋他路吧。"

后来我找到了凯鹏华盈的维诺德·科斯拉，他很快把我推向了他的分析师，这很明显就是没戏的意思。在北美风险投资公司巨头那里，除了拒绝信，我收到的就没有好消息了。我一度怀疑自己是否还有继续下去的勇气。究竟是继续坚持，还是放弃呢？这两种想法在我脑袋里展开了激烈的斗争。不过，我好像也已经无法回头了。

商业世界存在着一条再简单不过的真理：坚持总有回报。所以，我选择了继续坚持。最终，我得到了业内四家顶级风险投资公司的回复。但是，有机会会面只是第一步。我必须给他们留下深刻的印象，并说服他们，否则只能空手而归，而空手而归正是我当时最擅长的事情。

这真是太打击信心了——我知道我很擅长推销，但不知道为什么，我的推销屡屡失败。现在，我在一堆麻烦里苦苦挣扎。说出来也许会让我丢脸，但这个项目已经成了公开的学习案例（加利福尼亚大学洛杉矶分校的安德森管理学院在其MBA项目课程里就有关于这个案例的分析）。当时我的账户里只剩不到1000美元，而我投资的这家公司也到了生死攸关的地步。在资金耗尽宣告破产前，我只有这最后一次机会了，一定要争取到一家大型风险投资公司的支持。

我试图用一套理论来解释到底是哪里出错了，但最终毫无结果。我陷入了极度的自我怀疑中。我究竟哪里做错了？一定有什么原因。为了避免在这最后一次推销中犯同样的错误，我决定重新对自己的思路进行审视。于是，带着些许谦卑的态度，我约了我曾经的上司彼得交谈。

彼得是业内的风云人物，我曾经协助他谈成了几笔大交易，让他赚了很多钱。以我们的交情，我想他会愿意帮我的。

我关上他办公室的门，坐了下来，不确定自己是会得到帮助还是会被臭骂一顿。在我对他愿意见我表示感谢后，他说："奥伦，我一直关注着你的发展。这些年来，你身上有不少闪光点，但也有一些问题。"

"您说得对。"我说着，准备好接受前辈的教训。

"你有点前后矛盾，"他继续说，"有时候你做得很好，有时候却让人失望。我摸不清我今天遇到的是哪一个你。"

我真的很想为自己辩护，但我知道，当下我最好点头和保持安静。

"让我们回顾一下从前。"他继续说，"两年前，你似乎不可战胜。你帮助我们完成了与索美特公司的交易，这是我们有史以来最赚钱的一笔交易。"

我怎么会忘记呢？如果没有我，那笔交易就泡汤了。大家都在那笔交易中分了不少钱，多亏了我。我对他说："我记得。"

"你离成为我的合伙人就差那么一点。"

合伙人——在任何一家投资银行，这都是最令人垂涎的职位。对我来说，这个职位曾经确实唾手可得。我还搞定过和好时公司的一笔交易，帮公司赚了100多万美元。还有几笔大交易也是由我完成的。竞争对手们只能眼巴巴地看着我们不断壮大。

"你很厉害，很有信心，而且能够成功拿下我们非常看好的生意，"彼得说，"但……"他越说越小声了。

我知道他对我受互联网行业的诱惑而突然离开公司仍然感到失望和伤心。

"对不起，"我对他说，"但是我现在面临着严重的危机。我只剩最后的机会了，否则一切都完蛋了。"

他看着我，点了点头。

接下来的1个小时，彼得一边听我讲述前三次没有成功的风险投资推销会面经过，一边询问我一些问题。最后，他挑起眉毛，一阵大笑，把我给打断了。

"我知道你失势的原因了。"他说。

"是什么？"我问。

他在等待时机，现在他终于说出口了："因为你知道一人在外，只能靠自己，没有安全网罩着你。孩子啊，你是带着渴求感去推销的。"

我顿了一下。当然，这就是典型的寻求认可的行为，是绝望的表现。没有投资人愿意往一家现金流马上就要断掉的公司投钱！显然，投资人知道你需要钱，但是你表现出的渴求感和绝望感的信号越强，你就越像是在说："我手上这颗定时炸弹随时就要爆炸了。"任何听到这个消息的人都会下意识地进入警戒状态，他们的第一反应就是赶紧跑！

自我保护是一种来自鳄鱼脑的无意识反应。这是我从失败的推销中获得的一大教训，也是优秀的项目没能打动目标对象的原因。

渴求感触发了恐惧和不确定性，导致目标对象的鳄鱼脑接管了对事情的判断——这时由鳄鱼脑接管可不是好事。为了避免更多的威胁，鳄鱼脑会阻断高级大脑的活动，进而阻碍我们去辩论、去思考、去分析。当下可没这个时间，需要立即采取行动。

他人的渴求感便是威胁的信号。如果你表现出你很需要对方，对方的鳄鱼脑接收到的信息就会是充满威胁性的。因此，渴求感会导致他人的逃避。

我知道彼得说得对，所以我认真听取了他让我消除渴求感的建议。尽管我处于绝望边缘，但彼得还是鼓励我"打起精神来"。换句话说，我要找回内心的力量，找回自信，找回镇定。当然，这说起来轻巧，做起来可不容易。

推销成功的时候，我们会认为是自己的创意打动了对方，或是我们对想法的精彩阐述让对方信服。然而，推销失败的时候，我们又不这么看了。在这种情况下，我们会认为问题出在对方身上，而不是我们自己身上。我们会做出如此解释：对方没看到这笔生意的价值，或者他不是我想要的合作伙伴。但推销失败的真正原因往往会被我们忽略。

我反思了我之前失败的第三次推销。当时，硅谷的一个风险投资集团对我的项目很感兴趣。在我打电话的时候，那位代表说："你的执行简介很好，我们喜欢你的想法。在正确的领导下，贵公司很有可能成长为大企业，并且最终上市。我们希望你周二能过来当面向我们讲讲合作细节。"

我将这视为重大突破，并做好了立刻飞过去的准备。然而，当我到达现场的时候，我感觉又回到了从前的样子。我有过这种感觉。这又是一次在高档写字楼里举行的一小时会议。会议室看上去几乎和我以往看到过的一模一样：黑色皮椅、长长的会议桌、一块白板和一个画架。回想过去，唯一能让我想起交易决策的就是会议室里油性马克笔发出的刺鼻气味。在1999年，没有大量抽象的白板图表，推销就难以进行。

如今我站在投资人面前，话语清晰，思路明确，跟对方保持着恰当的目光接触，举手投足间流露出十足的自信。我一边抑扬顿挫地陈述着我的想法，一边在他们的白板上画出极具艺术感的图表。如果这张图表还留着的话，应该可以被放进盖蒂博物馆。

当我开始留意时间的时候，30分钟已经过去了。虽然我觉得还有东西没说完，但会议室里的听众都开始看手表了。我知道是时候结束了。在这个非常恰当的时机里，我讲了一个笑话，全场都笑了。到了该设定锚点的时候了。

这时，我发现自己陷入了尴尬的2分钟里，这是所有人在推销之后都必须要面对的场景。这是一个遍布雷区的从属角色陷阱，也是最容易功亏一篑的时候。这时，即便是一个小错误，也会被放大导致交易失败，让你之前20分钟的努力白费。这会引起不安，因为你的目的不言而喻：从目标对象手上拿到钱。

因此，在第三次推销结束的时候，我在一群硅谷顶尖的投资人面前不免显得有些焦虑。我向他们解释：我们需要尽快筹到一大笔钱。那一瞬间，我意识到这么做有多大的风险。如果这些人拒绝我，这就是我连续第三次被拒绝。再往后，几乎就没有其他选择了。我感到焦虑和担心。我最后说的话是这样的：

- "这个生意非常不错，是吧？"
- "所以，你们怎么看？"
- "如果你们觉得可以的话，我们可以马上签署协议。"

这就是纯粹的寻求认可的行为，也是最要命的渴求感表现。这就是机会溜走的时刻。就是这么快，目标对象的兴奋转化成了恐惧和焦虑。最终，我没有拿到任何投资意向书或投资条款清单。

为什么要消除渴求感？

直截了当地说，渴求感就等于软弱性。寻求别人的认可，暴露自己的弱点，往往就是在走向死路。这听起来可能有些刺耳，却是事实。渴求感——表现出所谓的寻求认同的行为——会影响所有形式的社交。

进一步批评寻求认可的行为则没有必要。简单来讲，如果表现出了强烈的渴求感，那就几乎无法度过任何推销的后半阶段。现在让我们来定义一下渴求感和寻求认可的行为，并探究如何应对那2分钟的从属角色陷阱，或任何可能表现出渴求感的场合。

是什么导致我们表现出渴求感?

当你失去听众的注意力时,你很容易发现这一点,因为他们渐渐增加的不安感就写在他们脸上。他们会看手表,离你越来越远,紧张地咳嗽,或者合上翻看的文件。有很多外在迹象。

当你注意到听众表现得不舒服的时候,你就会觉得自己要失败了。你的焦虑和不安开始变成恐惧,随后你开始陷入寻求认可的行为陷阱。

失望的情绪所造成的影响不应被忽略。即便只感觉到一点点失望,我们的第一反应也是通过寻求认可来治愈这种情绪,于是渴求感就会通过行为传达出来。

我们会潜意识地想:"如果我能让他们同意达成这次项目合作,那一切都会变好的。"这就是大脑在被拒绝时尝试缓解压力和恐惧的方式。如果幸运的话,目标对象同意成交,那么一切都会好。我们当下就会感觉好些了,焦虑消失了,心率也会恢复正常,我们会感觉一切尽在掌控之中。

然而,在恐慌之下,我们往往会在不经意间向别人暴露自己的渴求感。并且对方很可能会看出你心急的状态,转而决定对你不予回应。结果就是,这颇为明显的拒绝对你的情绪造成了更大的影响。

在现实中,我们就是这样一步步陷入寻求认同的行为陷阱中的:

1. 当我们想要的东西(钱、订单、工作)只有目标对象才能给时,我们心里就种下了渴求感的种子。

2. 当我们求而不得时,我们就会感到沮丧和焦虑。而我们推销的目标对象则难免会表现出不愿合作的样子,他们经常分散自己的注意力——回短信、看邮件或接电话。他们随意进出会议室,打断我们的推销,又或者在我们还没说到重点的时候，让我们抓紧时间。

3. 当目标对象认同我们的项目，同意合作时，我们就会感觉好一些，因为我们深信对方能拯救一切，而我们的渴求感正是源于这一点。当我们把双方的关系设定为"我需要他们的认可"时，我们就是在作茧自缚。我们越想让目标对象按我们的意愿行事，我们暴露出的渴求感就越明显，而目标对象则越不会按照我们的意愿行事。这就陷入了恶性循环。

4. 最后，当目标对象看起来对我们的推销不感兴趣的时候，他们就会开始退缩，将注意力转移到其他事情上，这时我们就会开始不自觉地采取寻求认同的行为。在那一刻，我们自然会有一种恐惧的反应，并不自觉地表达出更强烈的渴求感。恐惧和焦虑既是自然产生的，又是深思熟虑的结果，因此难以控制。即使是在最常见的社交环境中，我们也会陷入渴求感的陷阱，所以你必须时刻注意自己，不要显露出渴求感——这将会严重削弱你的地位和框架力量。

避免寻求认同的行为

准备好一个时间框架，让你在任何社交环境中都可以随时进入状态，这是消除渴求感的一大有效方法。时间框架会帮你郑重其事地告诉对方：你正被别人需要。

但这只是消除渴求感的方法之一。其基本做法如下：

1. 表现出你并非迫切需要达成眼前的合作；

2. 把重点放在你做得好的事情上；

3. 宣布你准备因事离开。

上述三件事可以让你在恐惧的恶性循环里冷静下来。心脏直跳、满头冷汗、呼吸急促和焦虑不安的现象也会慢慢消退。一旦你能够控制自己，你就会给别人留下深刻印象，转而让他们向你靠近。最重要的是，你的主动抽离显示出了一种自控力、能动性和自信心，大多数人都会暗自称赞你的这种行为。

我们需要克制寻求认同的心理。为了更好地理解这一点的重要性，让我们仔细看看别人是如何解决这个问题的。

在电影《追女至尊》（*The Tao of Steve*）中，男主角狄斯也运用了故意退出的技巧，让自己在社交中保持较高的地位。这一技巧源自道家哲学，狄斯就是在用道家哲学指导自己的生活。

狄斯是一名小学助教，和几个室友住在新墨西哥州的圣菲（Santa Fe）。他大腹便便，抽食大麻，那蓬头垢面的样子与麦迪逊大道上帅气的美国男性形象截然相反。只看狄斯的外表，你绝对想不到他能够玩转社交。

狄斯是道家哲学的实践者，不过他加入了一些新东西。道家哲学起源于约公元前500年的中国，是一种东方哲学和传统宗教，由哲学家老子创立。与佛教一样，道教也非常强调人和宇宙的联系，以及人对欲望的控制。

在电影中，狄斯从流行文化中汲取灵感，将道家哲学运用到生活里，自成一派。他把这套理论命名为"史蒂夫之道"，这个名字源于三个叫史蒂夫的男人，他们身上都体现出了狄斯所向往的在社交中处事不惊、优雅自若的状态。这三个人叫史蒂夫·麦奎因、史蒂夫·奥斯汀和史蒂夫·麦加勒特。

麦奎因被大家称为"酷王",他以饰演边缘英雄形象成为他所处时代片酬最高的演员。他在《豪勇七蛟龙》(*The Magnificent Seven*)、《大逃亡》(*The Great Escape*)和《布利特》(*Bullitt*)等电影中俘获了大批女性崇拜者,也获得了"男人中的男人"称号。

史蒂夫·麦加勒特是20世纪60年代热门电视剧《天堂执法者》(*Hawaii Five-O*)中的角色,是一名负责重大案件的警探。他严肃认真,尽职尽责,总是比坏人先行一步。

史蒂夫·奥斯汀是20世纪70年代的热门剧集《无敌金刚》(*The Six Million Dollar Man*)中的一名仿生人。奥斯汀曾是一名宇航员,他在一次飞机试验事故中幸存下来。人们利用仿生部件重建了他的躯体,并让他成了政府的秘密特工。

这三个人耍起酷来不费吹灰之力。即使有坏人逼近,他们也从不慌乱。为了传达出这种感觉,演员需要在高压情境下保持镇静。

狄斯认为,这三个史蒂夫之所以有一众崇拜者,并非因为他们有酷炫的坐骑或超能仿生腿,而是因为他们了解道家思想的三大法则:

消除欲望。对事物产生欲望是毫无必要的。有时候,你得让这些事自动找上门来。

表现出你的优秀。只向人们展示一件你非常擅长的事情。

抽离。在关键时刻,当人们期待你去追随他们的时候,你就表现出抽离。

"史蒂夫之道"是你在推销的最后阶段可以运用的完美方法,你可以把它视为抑制寻求认可冲动的技巧。人们都想要他们得不到的东西。所以，当完成宣讲之后，请对你的听众表现出轻微的拒绝，然后开始抽离。这样做，你就能够消除不安，并让你的听众对你产生强烈的重视。他们会反过来追随你。

最后一次推销

现在，终于到了我的第四次，也是最后一次推销了。6个月前，我的银行账户里还有几十万美元，如今只剩468美元了，够付我那辆保时捷的一半月供，这还是在我不吃不喝不住的情况下。但我还是不断地对自己说：不是我需要他们，是他们需要我，我才是最重要的。

我站在这家硅谷南部最大的风险投资公司的门前，那时已经接近下午4点，大楼里的人都准备下班回家了。而我需要让他们重新激动起来，让灯光照亮整个会议室。更重要的是，我要忘记这是背水一战。一旦他们感觉到一丝我的绝望，我和我的合伙人就只能卷铺盖回家了。这是我们最后的机会。

我走进会议室，看到一群疲惫的投资人。他们一整天都在听别人的推销，甚至连招呼都懒得跟我打，这种场景着实令人不安。

他们问了我一系列不太友好的问题。他们直接质疑这个项目的市场是否足够大，竞争对手是否已经有很多。他们中的一个甚至嘲笑了我们的想法。更糟糕的是，把我们带进门的那个人（也就是本该支持我们的人）也质疑我们的定位，他认为我们应该成为一家互联网公司，建议我们只做电脑软件。这就相当于在说，他不支持我们的项目。

但这些都不重要。我完成了一次完美的推销。我呈现了一个互联网外衣包裹下的商业模式，刚好用时20分钟。到最后，我按照我的计划，建立并增强了我的重视框架。

我对在场的投资人指出了三点：

1. 这个项目的窗口期只有14天。

2. 我们不需要风险投资资金，但我们想让一家有名望的公司参与进来，这将增强我们首次公开募股时的形象。

3. 我觉得你们是很有意思的，但你们真的适合投资我们吗？我们需要更多地了解你们和你们公司的品牌形象，以判断可以为我们的项目带来多大的价值。

就这样，在说完最后一个字后，我精疲力竭了。那一刻，我什么都做不了了，只能静静地坐在那里。现在，轮到我变成面无表情的雕塑了。我只是坐在那里，没有表现出任何寻求认同的行为，没有渴求感，只是等着他们对我做出回应。

令我惊讶的是，他们完全被我的推销吸引了，在几分钟内就同意了这笔交易。他们对我们的项目表现出了"渴望"。我带着自信和沉着完成了一场从头到尾都很精彩的推销，找回了从前的自己，一切都非常完美。

我们在会议室里又待了一个小时，讨论细节问题。我们最终获得了1400万美元的巨额估值，比我预期的还要高600万美元。

是的，我的银行账户里只剩468美元了，但就在第二天，投资人就正式同意投资了。几天后，他们向我的账户汇进了210万美元。我记得我还去自动取款机上打了一张流水账单，这样我就能看到上面实实在在地写着210万美元的余额。30天后，投资人又将400万美元汇进了公司的账上。

尽管历尽千辛万苦，但能够成功筹到钱仍是一件让我感到兴奋的事。当然，我这样做是因为我想要得到结果——贷款、工作、钱、交易，等等。但这不是唯一的原因。我之所以追求这些东西，是因为推销给我带来了兴奋感。所有参与过项目谈判的人都知道，拿下一笔难得的订单的那种成就感是无与伦比的。为一场高难度的推销做准备，为投资人呈现精彩绝伦的项目宣讲，展现自己满腔的自信，达成交易，这些都给我带来了满足感。

这些年来，如果我没有弄清楚这一点，我是体验不到这么多满足感的，那便是：远离渴求感！

第七章

案例研究：机场交易案

我的所有合作伙伴都了解我，为了做成一笔交易，我愿意随时随地动身出发。如果航班取消，我就开车；如果没有汽车，我就坐公交车。

就像微积分能让人解决数学问题，或是土木工程技术能让人建造桥梁一样，我的"STRONG"方法可以帮人推销，特别是在风险很高的情况下，它确实能发挥实质性的作用。

PITCH
ANYTHING

我要讲的这个故事中的项目非常庞大，风险也很高。为了把故事讲好，我要先说一说几个月前发生的事。在我参与过的所有交易中，这笔交易最能体现我整套推销体系的核心和有效性。如果你觉得这个故事像电影，那是因为它的确很特别。当你和上亿美元的资金量打交道时，其风险可想而知。下面让我们开始讲故事吧。

在项目开始前的几个月，我身处距离洛杉矶100英里的一个小镇，完全不着急回城。我忙里偷闲的理由很充分：生意做不下去了。美国经济的崩溃波及了信贷市场，让很多项目冻结了一年之久。在接连不断地做了5年多的推销工作后，我发现自己已经没有什么可推销的了——真的没有。按兵不动真的让人萎靡不振，因为在内心深处，我喜欢这些推销游戏所带来的肾上腺素激增的感觉。这就是我热爱推销的原因。激烈运动带来的刺激感，我能在谈判桌上获得，毕竟我成功筹集过4亿多美元的资金。

然后一切繁荣的景象都消失了，经济恶化，生意萧条。经济萧条持续了一年，还没有恢复的迹象。这就是我决定停下来的原因，我想远离这难以拯救的一切。其实我的工作一直都不错，我已经爬到能够决定自己想做什么的位置了。但我还是告诉我身边的朋友、同事，告诉与这一切相关的人：我要休假了。

现在，我要在这鲜有人知的地方好好休息一下，思考我接下来的人生目标。这次安扎-博雷戈沙漠（Anza-Borrego Desert）的行程从一周变成了两周，我享受着奥科蒂利奥韦尔斯（Ocotillio Wells）小镇朴实无华的风土人情。那是12月的一个周一，气温73华氏度[1]，大多数周末游的旅客都已出发离开这个位于加利福尼亚州南部索尔顿湖（Salton Sea）东端的村落。独处的感觉真好。一天的大部分时间，我都在骑山地自行车，并且在平顶山上放松身心。我还拍摄夕阳坠入悬崖时的壮观美景。生活就是可以这么美好。然而，此时有人正在心急火燎地找我，我却浑然不知。

一笔天价交易

找我的人是萨姆·格林伯格，他就在这隔开了沙漠和海岸的连绵山脉背后的洛杉矶。他坐在办公室里，愁眉苦脸，绞尽脑汁想要找到我。而我恰好处于与世隔绝的状态——手机关机，电子邮件设置了自动回复，几乎没有人知道我在哪里。

格林伯格手上有一笔10亿美元的大买卖。他希望我能像经济萧条前那样，帮他搞定这笔交易。格林伯格是个实干家。他在帕洛玛机场有一架私人飞机——不是作为奢侈品，而是作为一种先人一步赶赴项目所在地的工具。他打算找到我，用私人飞机把我接回去工作。至少这是他为达到目的所做的计划。有位熟人最终透露了我所住的酒店，于是格林伯格在酒店的

---

[1]　约合26摄氏度。

电话答录机上给我留了一条短信。

"我有一笔大买卖，"他大声说道，"赶紧给我回电话！"

3个小时后，我走进酒店房间，电话上闪烁的红灯格外刺眼——我的独处时光要结束了？谁这么急着联系我？毕竟只有少数人知道我的去向。听了格林伯格的留言，我思前想后。不！10年来，我从没休息过，我发誓不再做推销了，我要退出这个行业。

不！

我很坚决，但我毕竟欠格林伯格的人情，所以我至少应该给他回个电话，把我的想法告诉他。当他接起电话时，我嘴里吐出的第一个字便是"不"。

格林伯格说："我还没跟你说这笔交易的情况呢！"

格林伯格天生就擅长说服别人。一般来说，他能轻易得到他想要的东西。但这一次，我很坚定，我不会加入的。

"我的回答仍然是'不'。"我说。

"请给我1分钟。"格林伯格要求道。

"那也不会有什么改变，"我说道，"我知道现在市场上的那些交易——根本没法做。"

格林伯格说，这笔交易将发生在我家后院。洛杉矶郊区戴维斯机场将被一家大型私人固定基地运营商接管，以缓解洛杉矶主机场的航道拥挤问题，如今需要筹集10亿美元的巨额资金来支持这项工作。

"这笔生意你可不能拒绝！"格林伯格吼道，"这可不是什么购物中心，这是个能让人大赚一笔的机场啊！"

"听起来不错，但我不干，"我说，"我金盆洗手了。"

在骂了我三四次却没什么用之后，格林伯格尝试了另一种方法。

"那好吧，我已经想到其他人选了，所以……"他的声音越来越小。

一阵沉默之后，我上钩了。"你选了谁？"

"巴恩斯呗。"

"噢，拜托，就他吗？"

"他可以的，"格林伯格说，"但对你来说，这会是你错过的天赐良机。你会后悔的。"

格林伯格确实有另一个人选，但所有人都知道保罗·巴恩斯并不是最好的人选。

格林伯格当下决定不再对我死缠烂打了。

他最后补充道："这笔大交易我们做定了，而你就过你的小日子去吧。"然后，甚至没等我回答，他就挂了电话。

我笑了笑。多年来，我习惯于分析每一个项目，找出哪个可行，哪个不可行。格林伯格这笔生意意味着在萧条市场中还有一个项目，但这并不能改变我想休息的决定。我让酒店前台的工作人员帮我拒绝掉所有电话。

两周过去了，不出意料，保罗·巴恩斯的表现没有达到格林伯格的预期。当然，巴恩斯是个自信的人，有很强的分析能力，但是他不会独立思考。如果情况有变或事情没有按计划进行，他就很容易自乱阵脚。当格林伯格突然要求他搭乘红眼航班飞往芝加哥开会时，他婉言拒绝了。他的理由是："我需要几天时间做准备。"

我的所有合作伙伴都了解我，为了做成一笔交易，我愿意随时随地动身出发。如果航班取消，我就开车；如果没有汽车，我就坐公交车。这么多年过去了，格林伯格还是信任我的。在我的建议下，他会毫不犹豫地改变策略。

所以格林伯格很焦虑。他有两个月的时间来为提供给机场委员会的项目方案做准备——不是要进行一次推销，而是要提出一个完整的方案，包括详细的财务分析和执行策略。他知道我可以策划一场撼动人心的推销，用令人信服的话语和跌宕起伏的故事来展现项目的方案与前景。在回答为什么要现在就做、为什么要由我们来做、完成项目的关键路径、我们的优势与劣势、竞争对手的情况等问题上，我已经积累了丰富的经验。

事实证明巴恩斯不合适之后，格林伯格意识到他还是需要我。

乘专机来接我的格林伯格

上午10点不到，格林伯格的私人飞机就已降落在博里戈斯普林斯（Borrego Springs）一条小得可怜的机场跑道上了。不到15分钟，他就坐上了车，前往博里戈山谷酒店。我答应中午在酒店大厅见他。

大约10年前，格林伯格在听了我的一次推销宣讲后，当场就想聘用我。当时我拒绝了他，但后来我们还是走到了一起。我们合作完成了许多次交易，这让格林伯格的资金规模迅速膨胀。

现在，这个团队已经解散了，没有任何一个项目还在推进中了。

上午11点54分，他到达酒店大厅。这就是典型的格林伯格，就像迦太基的传奇指挥官汉尼拔一样，不达目的不罢休。如果不能让我答应合作，这个家伙是不会飞回去的。这就是他的行事作风。

上午11点30分刚过，我就设想了所有可能性。他能说出什么让我改变主意的话？不太可能。市场情况复苏了？也不太可能。

如今我心态平和，远离了激烈的竞争，不再被电话和邮件束缚。我一点也不怀念那种非人的工作状态，一点也不！

快到正午时分了，我朝酒店大厅走去。格林伯格就在那里，穿着随意，坐在一张蓝色的沙发上。一开始见面，我们俩都很不自在，就像第一次见面一样，各有各的算盘。

"你知道我不能让飞机在跑道上停太久，所以赶紧收拾行李，跟我回去吧。"格林伯格面无表情地说。

啊！时间框架——我得应付应付他。

我说道："你才飞了25分钟就来到这里。在这个海拔，那架飞机在98华氏度[1]的温度下停3个半小时，只需要半箱燃料。"我用更强势的专家框架冲击格林伯格的权威框架。我接着说："我饿了，你先去点午餐吧。"

格林伯格用重视框架反驳了我的专家框架。"我保证你从来没有和我一起挣过这么多钱。"他平静地跟我说，"看看你——身子倾向了我这边，认真听着我说的每一个字，口水都要流下来了。这就是你想要参与进来的嘴脸啊，真悲哀。"

"啊，你竟然对我使用重视框架！看来我教给你的东西太多了！"我轻松地应对着格林伯格构建的又一个框架。我说："看来我们可以争论一整个下午。我们先去吃饭吧，你来买单，跟我来。"

在去吃三明治的路上，我和格林伯格不断争论谁该为这20美元的午餐

---

[1] 约合37摄氏度。

买单。而与此同时，格林伯格的飞机还在机场待命，燃料费、人工费、服务费加起来，每小时得花8400美元。

"让我们回到之前的话题上吧。"格林伯格试图在餐馆里继续说服我。

"市场情况说明这单生意不靠谱。"我回答。

对格林伯格来说，这也许是一个预料之中的反对意见，于是他决定对我发起挑战，责备我一下。

"你究竟为什么要到这里来？"他问道，"你只是在逃避而已。你离开，是因为你失去了优势。我曾一度认为你是我最好的合作伙伴，而现在，你在我眼里就是……懦夫。"

他的话让我咬紧了牙关。我站了起来，对他怒目而视了许久。我已经准备好离开了。

"你生气了，是因为我说对了。"他说，"你可以和我一起回去，用事实证明我是错的。你可没有嬉皮士的命，或者你爱怎么称呼都好，反正我相信你不会这样过完你的余生。"

我能感觉到他的渴求感，目前很明显是我占上风。但在格林伯格面前，你永远占不了上风。

"给我1分钟考虑一下。"我对他说。

这个10亿美元规模的项目足以打破我个人的项目成交纪录——我往常做的都是3000万美元以内的项目，如果成功完成这个项目，这将是我做过的最大的一个项目。这个绝佳的机会之所以会落到我头上，只是因为糟糕的经济形势让其他竞争对手萎靡不振。格林伯格专门飞到沙漠荒地也给了我一种被重视的感觉，让我感觉到即使这个行业残酷无情，他仍相信忠诚。

"我们谈谈吧。"最终，我看着格林伯格说道，"如果我重新回来，你会给我什么？"

格林伯格的眼睛亮了起来。他的激将法起了作用。他现在可是设定好了锚点，是时候乘胜追击了。在接下来的15分钟里，他向我解释了这笔交易。实际上他就是在向我推销这笔交易，并阐明我在这笔交易中的重要角色。然后，他给我开出了一些合理的条件，并真诚地与我握了握手。

那时我对格林伯格隐瞒的一项重要信息浑然不知——这笔交易其实还有一个竞争对手，一个非常强大的竞争对手。

筹备一次重要的推销

第二天，我和格林伯格一起回到了洛杉矶，在他的高层办公室里讨论行动计划。当时是周三，格林伯格知道他不得不提竞争对手的事了，但他一直等到讨论结束才突然告诉我。

"我有提过戈德哈默也在试图拿下这个项目吗？"格林伯格问道。

听到这句话，我差点把口中的咖啡给吐出来。

"你说什么？！"

"是的，他们有一个团队。"格林伯格说，"放轻松，没有我们打不败的敌人。"

"你来找我的时候就知道了，但你没有告诉我？"

"这有什么关系？"格林伯格说道。他试图淡化这件事。

"这当然很重要，因为通常都是他们打败我们。"我说，"不管怎样，戈德哈默就是戈德哈默。他们有的资源是我们的10倍，他们可是有戈德哈默家族的品牌基因啊！"

格林伯格说："所以我才找你，有了你，我们就能打败他们。"

"不！"我说，"你当时没有说出来，如果你说了，我就不会来了。我愿意和任何人正面竞争，但这次根本不是势均力敌的竞争。"

我火冒三丈。格林伯格故意隐瞒了这个信息，我觉得自己被耍了。我们的对手是戈德哈默，他们的团队有12～15个人，而我们只有6个人。这个项目潜在的回报肯定会让我们的努力得到足够的回报。如果我们赢得了竞标，在5年的时间里为机场筹到10亿美元，那么我们将获得至少2500万美元的服务费。其中，我可以拿30%。所以我要付出很多努力，风险很大，但得到的也多。我所要做的，就是打败戈德哈默和我的老对手蒂莫西·钱斯。

戈德哈默的推销套路

戈德哈默位于洛杉矶的办公室占据了市中心一栋摩天大楼的整个12楼，在这里可以从好莱坞一直看到太平洋。整层楼的装修风格颇具东方韵味——一条玉龙、华丽的花瓶和日式花艺。我曾和戈德哈默打过交道，所以我去过他们的办公室。我完全能预测出他们对待这个项目的方式和策略。我设想的情景是这样的：

在主会议室里，一个7人团队讨论着这笔大交易——一笔关于机场建设的天价交易。讨论由比尔·迈纳牵头，他是个"投资人二代"，曾被戈德哈默公司总部钦点为洛杉矶办事处的负责人。迈纳喜欢用东方元素装饰办公室，还经常引用他最爱的《孙子兵法》。在向每个人简要介绍了机场项目的背景后，他会把注意力转向竞争对手——我们。

迈纳会说："有3～4家公司想参与这个项目，但最大的不确定性在格林伯格这边。"

这个名字对会场上的所有人来说都很熟悉——我们都在洛杉矶活动，戈德哈默和格林伯格有时候也会正面交锋。

戈德哈默团队的主要宣讲者蒂莫西·钱斯会坐在那儿静静地听着。他认识我，20世纪90年代也曾和我一起工作过几个月。从那以后，我们发生了好几次不和。3年前，在一次基金会议上，钱斯和我发生了正面冲突，从此便不相往来了。

最后，我能想象迈纳和钱斯会给彼此一个鼓励的眼神，他们知道这是本年度最重要的一次推销——大家的奖金都靠它了。这也是在如今的情况下，足以在业界打出好名声的唯一一机会。

策略和研究

我们团队的第一次会议是战略会议。罗布·麦克法伦、格林伯格和我坐在会议室里，确定各自的分工。这个项目对所有人来说都有很大的风险——光律师费就要将近4万美元，再加上各种软性成本，最终成本接近10万美元。

我和麦克法伦开始了漫长而艰巨的数据分析任务。麦克法伦是一名量化分析师，他知道我们需要什么样的金融模型。我则负责把大愿景和故事主线整合在一起，并且我将会是这次推销的主要宣讲者。

格林伯格会出钱，并且确保项目的每一步都按他的喜好来。

几个小时后，我们终于要吃午饭了，于是我们开始谈起了戈德哈默。

"我在想他们是否会带上蒂莫西·钱斯。"格林伯格说。

"我想会的，"我说，"他是戈德哈默团队中最出色的。但这是件好事，我知道钱斯脑子里会想什么。"

"罗布，你怎么看？"格林伯格问道。

对麦克法伦来说，他的处境有点尴尬，因为他同时作为兼职自由人为戈德哈默工作。他耸耸肩说："我的工作只是统计数字，而不是要选择站在哪边。"

"继续，你可以说，没关系。"我告诉他。

"蒂莫西是他们目前最好的人选了，"麦克法伦说，"他是千锤百炼的强者。不过我相信你也是。"

格林伯格看到我紧皱眉头，便暗自微笑。我曾经教他怎么控制框架，现在他竟把这一招用在了我身上。很好。这就是典型的格林伯格，总是在玩控制游戏，总是逼人不断超越自己。

"你知道的，"我说，"如果他们真的派蒂莫西来，那事情会变得难上加难。他可是个强大的对手。"

我们逐渐在财务结构上取得了一些进展。我们对全球范围内的类似交易进行了研究，事实证明我们的财务计划很完美。

我们也确认了，蒂莫西·钱斯的确会代表戈德哈默来竞争这个项目。

这让我无比兴奋，帮助我撑过了一个又一个坚持到深夜的日子。

这么多年来，我一直沉迷于将推销宣讲和交易谈判优化到极致的方法论研究。我提出了神经金融学的概念，埋头于各类学术期刊，采访过各界学者和研究人员，甚至还对很多高管进行了实验，以评估他们对各种推销方法的反应。然而，所有这些研究，以及我在课题上花费的超过10,000小时的精力，如果没有得到实际的应用，它们就一文不值。如今这个10亿美元规模的机场项目显然就是对这一切的最终考验，如果格林伯格最终赢得了这个项目，那我这一套方法也算是得到了终极证明。

推销准备：1月中旬

在持续的高强度工作节奏下，我们对各种数据反复推敲，一条一条地把待办事项从清单上划去——这些事情带给我一种目标感和兴奋感。我没有告诉格林伯格，其实我在沙漠休假的那段时间已经感觉到无聊了。是的，把脚埋进滚烫的沙石里感觉很舒服，但是如果你已经习惯于成为一名战士，那就没有什么能比得上体验那种走在生死边缘的感觉。

麦克法伦到我家和我讨论最新的数据，而我则为他讲述整个项目的主线故事——这个项目最大的亮点在哪里。

"从某种意义上说，这是一场零和博弈，"我说，"你死我活。如果你真的倒下了，那在场的听众以及关注这件事的人只会幸灾乐祸。"

麦克法伦点点头。我总能给他提供生动且恰当的比喻，但他通常不会真正把注意力放在这上面。他是个内向的人，只有在需要解释自己的财务分析时才会打破自己的沉默模式。他是一个低调的数字人。

"戈德哈默那边会由谁来计算这些数字？"我问，"如果你知道的话。"

"他们会找内部人员做，所以应该是布兰登·考德威尔。"麦克法伦回答道。

"他能做你做的事吗？"我问。

"我做的事？"麦克法伦满脸疑惑。

"你在做化腐朽为神奇的事情。"我说。

"不，"麦克法伦说，"考德威尔做不了我做的事。至少短时间内是不行的。"这是我从麦克法伦那里听过的最强势的话了。

麦克法伦和我，格林伯格的确把两位非常有经验的专业人士聚在了一起，但他自己也不赖。他是一个数学天才，在我刚入行的时候，我还把他当作我的推销导师。我们这个精悍的小团队兼具天赋和经验，尽管需要克服很多困难，但我们有很大可能拿下机场项目。

此时的客户

西蒙·杰弗里斯是机场项目的负责人。为了使这个项目成为可能，他已经努力了好几年。杰弗里斯和格林伯格已有10多年的交情，他们时不时就会问候一下彼此。现在，杰弗里斯是这个项目的主导角色。正是他要来听取推销宣讲，并最终决定要和谁签署这份涉及10亿美元资金的合同。

有意思的是，尽管钱斯很可能会对杰弗里斯做大量的背景调查，但我一点也没把注意力放在杰弗里斯身上。我没兴趣建立所谓的深厚关系——与目标对象产生私人联系。

经过我多年的研究，推销开始时的寒暄通常没有正面作用。做百万或10亿美元资金决策的人并不会关心你在哪里打高尔夫球，或是你找不找得到停车位。我很早就认识到了这一点，因此避免了许多推销人员会陷入的深层关系陷阱。相反，我会把注意力放在独特的主题和故事上——一个足够吸引人的故事。

从规划图上看，拟建的捷普机场非常漂亮。一位著名的建筑师围绕戴维斯机场设计了1000英亩[1]的都市设施，将原来的跑道延长了近7000英尺。规划图涵盖了餐馆、购物中心和娱乐设施。大多数的建筑——即便只是看渲染图——都能看得出是多层玻璃和钢铁结构的庞然大物。规划详尽细致。

改造后的机场预计能够帮助南加州应付逐渐增长的空中交通压力（仅2010年，估计就有3000万乘客飞离洛杉矶国际机场）。这个机场还将为小型飞机提供服务，并为支持航空业发展的商旅人士提供优质的办公空间。新机场预计将创造10,000个工作岗位，并带来22亿美元的经济效益。

因此，筹措资金是一件需要审慎决策的事情。南加州需要新机场，新机场需要钱，而格林伯格和戈德哈默都想拿下这个项目。

推销倒计时：9天

麦克法伦每天工作16个小时，来回复核项目结构。这一天，我正和一

---

[1]　英美制面积单位，1英亩约合4046.86平方米。

位平面设计师讨论如何打造一套能够打动人的视觉效果来配合我的推销宣讲。我希望这些视觉效果能让所有人眼前一亮。

我还在构思"故事"所需要的元素。我有几个朋友是好莱坞的编剧，他们告诉我：每一次推销都应该讲一个好故事。

我跟麦克法伦说："故事应该设定一个锚点。如果《大白鲨》里的鲨鱼身上有GPS定位器，观众能知道鲨鱼的位置，那电影就会失去戏剧性，故事也会变得索然无味。"

于是我重新构思了整个推销的逻辑，加入了更多个性化的元素。推销有时单纯是数字游戏，但这次我决定加入一些人情味。

麦克法伦点点头，又埋头处理他的数据去了。

推销的日子到了

推销当天下午2点52分，我看到蒂莫西·钱斯先我几步走进大楼。在大楼的走廊上，我又将我要讲的东西在脑子里过了一遍。我的计划是把重点放在这个好莱坞电影式的故事上——谈谈斯普林希尔（Spring Hill），这个机场所在的社区，以及当地的人们。我确信钱斯一行人此前都没有去过斯普林希尔。当我坐电梯前往9楼的时候，我已对这次推销胸有成竹。格林伯格的公司财务结构稳固，过往业绩良好，而我准备的故事则能从颇为可信的个人故事角度为这次推销打下更坚实的基础。

西蒙·杰弗里斯的办公室位于洛杉矶的黄金地段，占地3000平方英尺。我走到接待区，看到钱斯正在发短信。我们眼神接触了一下，我扬了扬眉毛——这是我打招呼的方式——然后就转向接待员。

"格林伯格的团队到了。"我笑着说。

"请坐吧。"她说。

这个地方有6把椅子，显然容易让人陷入从属角色陷阱。因此我没有坐下，而是试着找机会调侃了一下钱斯。我说："你是不是还在给总部发短信征求最后意见？"但他没有心情跟我说话。他深知我在试图对他进行框架控制，不管他说什么，都会掉入我的框架，然后败下阵来。

"祝你好运。"钱斯回了一句，随后又低头看着手机。

杰弗里斯最终来到了接待区，与我和钱斯握了握手。

"好的，先生们，这边请。"他说。

他领着我们走过一条长长的走廊，来到一间会议室。

"请坐。"他说。

我和钱斯不安地交换了一下眼色。

杰弗里斯有事离开了，当他走远时，钱斯悄悄地跟我说："我们要在彼此面前公开向他推销吗？开玩笑吧。"

太好了。"这种事很常见，"我说，"你应该多出去向人推销的。"

杰弗里斯也许心知肚明，他不会简单地按顺序听我们的推销宣讲，这样他看到的就都是我们早已准备好的内容。他要把筹集10亿美元的任务交给值得信任的团队，因此他会想要看到我们在突发情况下能有什么应对措施。

就在这时，第三个团队的代表走进来了，他来自伦敦的一家公司。这个项目比我预想的还要抢手。

剖析推销

两个月前，我就开始对戈德哈默的团队做功课，思考能够让自己获得优势的方法。我们和戈德哈默的团队要从相同的起点出发，那么区别在哪儿呢？这是一个需要解决的难题。获胜者将拿下这个筹集10亿美元的项目，并获得2500万美元的报酬。

尽管竞争激烈，风险巨大，但我还是重新调整了自己的心态，把它视为又一次普通的推销，这样我就不会被压力影响，也不会在关键时刻表现出渴求感。知易行难。当要花几周甚至几个月的时间来准备一个项目时，你能不感到焦虑吗？我必须调整自己的心理状态，因为身为人类，我们天生就会对重要的社交行为有情绪化的反应。此时，消除渴求感的三大法则就可以派上用场了：

1. 消除欲望。对事物产生欲望是毫无必要的。有时候，你得让这些事自动找上门来。

2. 表现出你的优秀。只向人们展示一件你非常擅长的事情。

3. 抽离。在关键时刻，当人们期待你去追随他们的时候，你就表现出抽离。

如果我在准备的时候不能消除对胜利的执念，那么在推销当天，我就难免会显得无助和绝望。如果我不能把优秀的设想简洁地呈现出来，那么赢家基本上就是对手了，因为整体而言，他们更有实力。如果我不能在正确的时间抽离，那么我就会显得对这个项目求成心切，并因此失去拿下它的机会。

我知道应该把这次推销视为一场简单的包含四个阶段的推销，我应该享受这个过程所带来的乐趣。为此，我们团队首先就要了解西蒙·杰弗里斯的思考方向。于是，我又得把我的设想调频到杰弗里斯的鳄鱼脑接收频道上。

首先，我的态度必须摆正。这是一个颇为正式的严肃场合。杰弗里斯与联邦航空局打交道已经有好几年了，这样的经历让他的"兴奋点"肯定比一般人要高——这些人不会轻易被推销人员的小幽默和热情所打动。杰弗里斯还与市、州以及联邦机构有过合作，所以我在推销时必须带着严肃、尊重的语气。但"严肃"的语气并不意味着低沉。在推销时，创造轻松幽默的氛围绝对是有必要的。如果推销人员自己都觉得无趣，那么其他人就会开始焦虑。因为人们没有办法假装"开心"，所以我必须发自内心地享受这个推销过程。而这样做本身就会消除欲望。

其次，我要选对框架。这解释起来很简单：对手竞争的无非是金钱和利润。他们肯定会把这个项目描述成一个"赚钱的机会"。他们经常这么干。但这些华尔街人士没有注意到，西蒙·杰弗里斯并不遵循传统大公司的做派。他的公司要负责的是重新发展南加州极具历史意义的机场跑道。杰弗里斯想做到别人做不到的事，那就是重振戴维斯机场这片区域。这个计划已有前人尝试过很多次，但都失败了。杰弗里斯要在南加州建造一座1000英亩的机场，这片土地的历史可以追溯到20世纪20年代。这意味着这个项目已经超出金钱交易的范畴。这个项目所承载的抱负比人们想象的更加宏远，它关乎一个人想获取极高社会地位的愿望。因此，杰弗里斯的大脑自然而然对获得声望和地位更感兴趣，而非获得金钱。顺着这一点往下想，我的关键想法诞生了。这个项目的关键在于"传奇"。

这个项目是要在美国历史上增添一个传奇。西蒙·杰弗里斯希望人们记住他的事迹。这是由愿望而不是贪婪驱动的。认识到这一点，我对最难的部分已经有把握了。我要做的就是调整我的讲述方式，讲述一个让杰弗里斯实现这个愿望，并让我的团队参与这个传奇的故事。

再次，我必须不断高强度地创造认知热度。坐在萨姆·格林伯格的私人飞机上的每一分钟都让我印象深刻。飞机令人陶醉，这种感觉直白而简单。这是纯粹的认知热度。杰弗里斯和他带领的委员会与航空业务有着密切关系。他们要么有属于自己的飞机，要么做着与飞机有关的工作。其中还有两人本身就是飞行员。当我要向喜欢飞机的人做推销时，要唤起大家的认知热度简直轻而易举，只要摆出很多飞机的图片就好了。

不管是什么东西，只要目标对象有意或无意地认为它可以提高自己的社会形象，认知热度就在他的脑中产生了。向目标对象的大脑展示有社会价值的东西，不仅能唤起对方的认知热度，还能让对方的认知热度沸腾起来。这时，多巴胺会激发大脑的奖赏机制，随之而来的就是愉悦情绪的迅速提升。大脑在毒品的作用下也会产生同样的响应。大多数人在看到法拉利，劳力士，绝美的装饰品，雷诺阿、塞尚、提香或德库宁的作品，纯种罗威纳犬，海滨别墅，或者私人飞机时，认知热度都会显著提升。他们满怀期待，并希望获得奖励，这让他们感觉非常舒服。

因此，我打算给杰弗里斯和他的委员会看满是"飞机写真"的大海报。每隔几分钟，我就会换一张新的海报——每一张海报上都有一架飞机正在起飞、降落，或者做一些高难度的空中动作。

当推销的东西是抽象的金融产品时，想要在视觉上触及目标对象的兴奋点可没那么容易，但在这个项目里，飞机写真让这一点变得容易了很多。

我知道，这个项目进行到最后，很可能是我们团队和戈德哈默的团队之间的较量。他们具备深厚的背景、优秀的业绩和巨大的行业影响力。他们实力惊人。过去10年里，只要我们和他们碰上了，他们都能稳赢。此外，我们团队的规模毫无疑问会给我们减分。我自己能筹集4亿美元，但戈德哈默呢？他们的项目可都是10亿美元以上的。

随着我的推销宣讲逐渐进行，我要把它划分为四个阶段：

第一阶段：控制框架，获取地位，介绍整体理念。

第二阶段：详述问题/解决方案，以及我们的优势。

第三阶段：提供条件。

第四阶段：堆叠框架以创造和保持认知热度。

除了要与戈德哈默竞争，我们还面临着更深层次的问题。西蒙·杰弗里斯和他的委员会习惯于做领导角色。在推销过程中，他们会插嘴，扰乱你的思路，分散你的注意力。如果我不牢牢保住我的框架控制权，那这些家伙肯定会控制我的框架。在任何时候，如果我的宣讲稍微松懈，他们就会强插进来，以彰显自己的领导角色地位。他们会问："你具体打算怎么做？"或者，"你是从哪里得到这些数据的？"抑或，"这要花多少钱？"

为了避免他们进入这种纠错模式，我需要不断地使用推远/拉近策略。这能让我吸引他们，让他们产生想从我这儿得到更多信息的渴望。这样他们就不会有时间冷静分析，不会有机会破坏我的框架。他们必须在我的框架里，对我做出反应。为此，我必须尽早获取主导地位。

推销前的想法

在推销开始前的1分钟，我心里思考着下面这些事情：

1. 控制好基调，把自己塑造成主导者的角色，获取地位，唤起他们的认知热度。

2. 用人性化的故事和"打造传奇"的主题阐述自己的想法。

3. 用能引起共鸣的视觉效果吸引他们。

4. 创造认知热度。让杰弗里斯和他的委员会成员在深入思考细节前就对我的方案产生渴望的感觉。

这次推销是一次与目标对象的鳄鱼脑进行的20分钟的热烈交流。我的目的是打造一次充满认知热度的推销。我深信，如果两个旗鼓相当的人提出了同样的设想，一个人是往新皮层传递信息，另一个人是往鳄鱼脑传递信息，那么结果会有天壤之别。我已经做好和目标对象的鳄鱼脑交流的准备了。

推销宣讲

我已经精心准备了两个多月，现在，在钱斯的见证下，我站起来向杰弗里斯和他的委员会成员致意。我缓缓地开口说道：

"今天，我们在场的所有人都肩负着重要的使命。我们要做的这个决定——谁能为戴维斯机场筹集10亿美元的资金，我相信关键不在于谁更具魅力，谁的融资能力更强，而在于谁的想法和理念更正确。同样的事情早已有人想做，却都以失败告终了，因此要完成这个项目，靠的并非最强的人或最强的团队，而是最恰当的理念。这条跑道在二战期间发挥了重要作用，参加太平洋战役的B-17轰炸机和其他战斗机中队都利用过这条跑道。今天，我们要讨论的不是建造什么购物中心或酒店，而是要在这片颇具历史感的神圣土地上建设机场。这一点我们必须要认识到。"

在一开始的时候构建合适的框架，对推销来说非常重要。因为戈德哈默的团队很可能会以公司的规模、经验和过往的成功案例作为亮眼的开场，所以我必须选择一个能将他们的优势降到最小的框架，并且把大家的注意力集中在我们身上。于是，我就选择了一个理念最好的框架。换句话说，我是在告诉目标对象，他们不该根据所谓的规模和实力来决策，而应该关注理念的价值。因为论实力和规模，我们没法跟别人比，但如果我们有一个理念更好的框架，我们就还有机会拿下这个项目。

我要让他们的神经紧张起来，给他们的大脑注入去甲肾上腺素，所以我说这是一片"颇具历史感的神圣土地"。换句话说，如果把这个项目搞砸了，就会有严重的后果。

如果我把一开始的基调定对了，那么我的框架就会很稳固。下一个任务是重新定义竞争对手。

"我们很荣幸今天能与另外两家颇具实力的公司竞争。我知道这两家公司都能很好地提供服务，因为他们都是大公司，有多个分部门，团队中有大批年轻而有活力的研究人员，还有世界顶尖的行业分析师。面对每个项目，他们都会不遗余力地做好执行工作。"

这是我为戈德哈默团队和伦敦过来的团队准备的一套说辞，言外之意是他们的公司过于庞大，机构臃肿，其中很多人都是年轻而缺乏经验的员工。有了这段话，我就把竞争对手定义成了年轻气盛、人员过多、只关注利益的大公司。这符合媒体对华尔街投资银行的普遍认知，也是一个容易传达给别人的信息。我知道戈德哈默团队的钱斯得花上很大的力气，才能把大家从我的框架中拉出来。他意识到了我刚才设下的框架圈套，因此满脸愁容。对我们来说，这个开场非常棒。

"西蒙，过去3个月里，所有人都在说市场环境不好，并且短时间内难以恢复。但是，如果你敢于挑战这些人的思维方式，你就可以从另一个视角来看待这个市场，也就是我们使用的视角。我来解释一下。有三种市场力量是我们一直密切关注的，现在它们已经促成了重要的市场窗口，如果我们把握好时机，我们就可以对其加以利用，进而取得非凡的成果。我们认为这个市场窗口不会存在太久，但如果我们现在行动，我们就能抢占先机，筹到我们所需要的10亿美元。以下是我们的市场分析：

"大家都不喜欢投资银行家空手套白狼，所以我们需要在费用上更加透明。（社会因素）

"对高度透明的项目来说，那些银行家和顾问是愿意与投资人一起承担风险的，现在市场上还有大量风险投资资金。仅上一季度，就有多达50亿美元。（经济因素）

"如果我们走环保路线，让我们的建筑经过LEED[1]认证，我们就能享受政府的减税10%的优惠政策。（科技因素）

---

[1] 一个绿色建筑评价体系，其宗旨是在建筑设计中有效地减少对环境和住户的负面影响。

"我知道这对各位来说算是新奇事物，但目前这个市场正在蓬勃发展，因此这三种力量对我们的策略制定影响巨大。再次强调，市场窗口不会存在太久，如果我们没有顺应这三种力量，整个项目执行起来就会麻烦重重。不过，如果我们能利用好机会，那么我们就是为数不多的可以把握住市场机遇的人。"

这就是我一直采用的结合三种市场力量的策略，简单明了。在完成框架构建之前，我并不打算急着进行推销，那样做是错误的。通过对这三种市场力量的分析，我能够清晰明了地为目标对象呈现当前的市场形势。这大有用处，因为大脑不喜欢静态的事物，我的分析能帮助他们了解市场的变化和预测接下来的市场趋势。我继续说：

"在详细讨论我的方案之前，让我来告诉各位前不久我们刚认识到的问题。这个项目不仅仅是简单的机场升级或机场重建。这是你们将要留给后世的一段传奇。你们在这里所做的一切，都会被我们的子孙后代铭记，你们的名字将会载入史册！"

这是我对决策委员会发起的挑战。这么做会让他们的大脑同时分泌多巴胺和去甲肾上腺素。换句话说，他们会同时产生渴望和紧张的情绪。

"西蒙、杰夫、吉姆（我直接叫出了委员会成员的名字），我知道你们想尽快为这个机场项目找到投资人。我也很清楚，在时间紧迫的情况下，挑战人们的固有经验有多难。但今天我请你们反思一下，为什么很多项目从前能成功，现在却不行？因为在最新的情况下，传统的做法要么思路不对，要么偏离目标，又或者二者兼有。

"在当前的市场上，有太多同质化的项目。除非能做出不一样的事情，否则我们就是在浪费时间和金钱。

"这就是我们要提出一个截然不同的理念的原因，稍后你们会看到我们的呈现。

（我打开了我事先准备的海报，上面有一句醒目的话。）

"正如各位所见，我们的主题是'投资一个美国传奇'。

"我们的设想不仅能给投资人带来丰厚的利润，还能帮助他们打造一个传奇的故事。不同于今天在场的其他竞标方，他们只会给投资人分析收益和风险，我们则会为投资人讲述一个关于机场的精彩故事，这个故事承载着厚重的美国航空历史。

"将'美国传奇'主题与我们的融资计划相结合，必然会在市场上取得良好的效果。采用我们的方式，将能够更快、更轻松地筹到10亿美元。我们的想法能保证更高效的资金流转和更稳妥的收益。让我们把层次提高一些，我们要保护——而不是抹去——这段航空历史，成为历史的守护者，同时又筹到10亿美元。"

这就是我为我的理念所做的最佳介绍。为什么它能收获成效呢？部分原因是基于大脑决策的三个特点。第一，大脑最基本的工作原理是人们产生欲求是无意识的。第二，人们其实更想要社交奖励，比如成为"英雄"会比赚钱更有吸引力。第三，当我们可以把话题聚焦在社交奖励、成为"英雄"以及赚钱这三个主题上时，目标对象的大脑会快速分泌多巴胺。我们的目的是什么？点燃欲望。

在推销的这个阶段，我已经给决策委员会成员的鳄鱼脑奉上了一杯精心调制的美酒，这杯酒中不仅有多巴胺（渴望），还有去甲肾上腺素（紧张）。现在，我可以放心地开始讲无聊的数据部分了。

在搭建好能给自己带来优势的框架后，我就开始强调戈德哈默团队和我们的差距了。我采用的是与众不同的创造新奇感的方法，它可以让目标对象大脑中的多巴胺活跃起来。传统的推销方法通常会这样开头："经过努力，我们想出了一个绝妙的计划……"

我的方法是以退为进。我先说"市场已经发生了巨大变化（以往的方法已经行不通了）"，最后再说"我们这个方法和其他方法比较起来有极大的优势，它之所以不同，是因为它不只关心冷冰冰的数据，同时还关注人性"。

其他团队花了很多精力打造自己精彩的履历，这并不明智。他们连续使用同样的主题，只是细节之处有所差别。他们用陈词滥调将自己包装成"全方位服务的公司"，迎合客户需求并提供"最高水平的服务质量"。这种陈腐低效的方法已经没有任何意义了，所以为什么要浪费时间呢？难道不是每家公司都认为自己会提供最佳的服务质量吗？

在接下来的5分钟里，我把重点放在了预算和财务细节上。如果5分钟内我不能解释清楚，那么两个月以来的辛苦就白费了。

在为这一天做准备的过程中，我们的困难是在不损害丰富性和完整性的前提下精简我们的方案。我觉得，少一些冰冷生硬的细节，尽量不让目标对象的大脑转换成分析模式，我成功的概率会更高一些。

推销宣讲的时长也是至关重要的。一个月前的一次排练中，我的宣讲时长超过了55分钟，这太长了。于是我开始大刀阔斧地删减内容，这儿减掉3分钟，那儿减掉2分钟。在一次又一次的排练中，我删掉了许多缺乏亮点或不能创造认知热度的细节。就在推销的前一周，我还在费尽心思地考虑如何让自己的宣讲更具热度，在保留核心信息的同时，剔除让人分心的细节。

　　所以现在，我用5分钟的时间完成了预算和财务细节的讲述。这是我的推销宣讲中最冰冷枯燥的部分。没过多久，我就开始堆叠我的四个框架了——让现场的氛围升温。不过在此之前，我首先使用了推远/拉近的策略：

　　"这个计划大胆吗？好吧，我们当然可以讨论这些数据是高估了5%还是低估了3%，但毫无疑问，这个设想是非常大胆的。我们认为在当下的市场上，果敢是非常重要的。如果你们不喜欢这种大胆而充满野心的规划，那么很有可能我们并不适合对方，因为我们的团队具备创业团队身上所具备的快速响应能力，而你们通常只会用大企业的做派给出回应——繁文缛节，反应缓慢。这样怎么能合作呢？所以，如果你们觉得我们的计划太大胆了，而你们还是喜欢大企业的风格，那或许我们之间不适合合作。"

　　在这里，我有意将目标对象推开了，向其发出挑战，并加剧紧张感。随后，我要把目标对象拉回来。我有很多相关的经验。经过10多年来的研究，我已经将我的推销技术打磨成熟。我发现不管我的推销方式多么软化，这始终是一种销售行为：让目标对象根据我的喜好做决策，让对方处在我的控制之下。这对目标对象来说是一种压力。人们在这种压力下都会做出类似的行为。在根本的生理层面上，目标对象的鳄鱼脑会有一种被剥夺自主性的感觉。这个时候，很可能会引发被威胁的反应。

　　要解决这个问题，可以把目标对象推开，让对方有机会做出看似无压力的决定。

　　人类大脑几千年来的进化决定了其应对压力源的反应。在通常情况下，鳄鱼脑是很平和的，直到某些社交行为威胁到它做选择的自主性。有一个理论：哪怕是轻微地扼制自由意志（科学家将其称为"削弱选择自主权"），都会引发被威胁的反应。

在消除了鳄鱼脑认为受到威胁的感觉后，就可以开始将我的目标对象拉回来了：

"但话说回来，如果这个项目做成了，我们就可以联合起来做些伟大的事情了。请想象一下，你们拥有航空管理的经验和热情，我们有出色的理念和融资策略，二者合一的力量真的不容小觑。当我们把资源和力量倾注到一个投资人身上时，他对这个项目会渴望得发疯的。"

然后，回到掌控地位上来。人们的大脑会时刻评估人们在社交互动中的地位是升高了还是降低了。目前，竞争对手的影响力都比我们更大。在这一点上，我们没办法快速建立优势。他们更有资本，更有名气，更有权威——他们在这三个衡量地位的维度上都占据优势。因此，我们需要为自己营造场景权威，而且动作要快。

"我很认真地说，我们非常看好这个项目。"

我开始打开会议室四周的海报支架。这些支架又大又重，是看得见摸得着的实体，每个有大约半英寸厚。不像电脑上的幻灯片，切换后人们对它们的印象就会消失，这些实体海报会留存在大家的脑海里，给整个推销增加一种具体的真实感。

"我知道，不选择其他两个实力强劲的团队而选择我们是艰难的决定。他们的实力有多强？他们有年轻气盛的员工和经验老到的分析员，有什么是他们完成不了的呢？但是我问他们一个问题：他们对斯普林希尔的足球故事了解多少？"

这个新奇的问题让我的听众立刻集中了注意力。但这是有风险的，因为如果你要加入一段插曲的话，它必须是一段好插曲。

"我问这个问题是有原因的，在认识乔·拉米雷斯之前，你很难了解戴维斯机场的整个历史故事，也不能真正找到先前在此修建新机场的各种尝试都遭遇失败的原因。"

在为机场项目做背景调研的时候，我确实去找了一位名叫乔·拉米雷斯的汽车修理工。他个子很高，头发卷曲，留着早就有些花白的山羊胡子。现在，他穿着西装郑重地来到了现场，就像是去教堂做礼拜。想象一下，在一个涉及10亿美元资金的推销场合，一位汽车修理工被邀请上台了。这出乎了所有人的意料。当然，他不是来补充我们的融资计划或航空管理知识的。我邀请他来，是为了让他说说关于戴维斯机场的心里话。

时间一分一秒地过去，但这一过程非常宝贵，不能操之过急。乔走到台前，从口袋里掏出一张折叠得非常整齐的纸，然后大声朗读起他事先准备好的内容：

"我在斯普林希尔长大。自从父亲从得克萨斯州的达拉斯搬到这里，这里就是我的家。在我还是孩子的时候，这里没有什么东西可供消遣。这里没有购物中心，没有剧院，也没有可以玩滑板的公园。但是，我们有一个足球场，就在机场这里（他指着地图中飞机跑道旁边的一个点）。每个周末我们都会在这里踢球，你随时都能看到两到三场比赛在同时进行。这个球场让每个人都有机会踢上足球，我们童年最美好的记忆都是在这里留下的。但1997年的时候，不知道为什么，这个足球场被填平了。自此以后，它就变成了一个空荡荡的停车场。如果有人可以重新对这片区域进行改造……"

在场的所有人都能感受到乔饱满的情感。如果你不是机器人或外星人，那你必定会为之动容。当乔说到足球场被改成了空荡荡的停车场时，现场的气氛变得沉重起来。

　　强烈的情感会引发强烈的记忆。比如，某某名人去世时，你是什么状态？这样的事情很容易给我们留下深刻记忆。大脑中储存记忆的部分会对记忆进行主次划分，它会判断什么记忆是重要的，什么记忆没那么重要。现在就是一个重要的记忆时刻。虽然明确定义情感不是一件容易的事，但情感对意识和决策的影响却很容易被感受到。情感能够让我们衡量事物的价值，并让我们把事物与记忆联系起来。如果浓烈的情感让对方的注意力高度集中了，让对方对事物有了深刻的记忆，那这就是我为对方创造"渴望"的最佳时机。

　　我感谢了拉米雷斯，走回了会议室的正前方。

　　"西蒙，还有委员会的各位……我们完全可以在这里讨论一天的数据：这里的24%，那里的15%，1亿美元花在太阳能板上，另外1亿美元花在航站楼建设上……这些都是数字。此前我们都把这个机场项目当作纯粹的金融交易来看待，仿佛这7000英尺长的机场跑道就是一个毫无人情味的虚拟空间。30天前我才意识到，我们规划、建造这个机场，并从中获益，但在这个过程中，我们忽略了一些宝贵的东西。这个机场不是虚拟空间，现在也不是1948年，那时这个机场的周边还一片荒芜。50年前，斯普林希尔的居民只有不到1000人，甚至比山上的野兔数量还少。而如今，有11.5万人在此居住。请想想这一点，如今我们在这个会议室里做出的决定，会对50英里外的这个社区的11.5万人造成什么样的影响。"

　　借由这段话，我自然而然地引入了道德框架。竞争对手很难找到更崇高的价值观了，毕竟我们讨论的是保护社区的事，而这个社区容纳着超过10万名有血有肉的公民。这个框架涉及道德的根基，与身为群居动物的我们关联得太紧密，因此这是一个必须考虑到的话题。这就是我要的关键时刻。接下来，我要开始使用时间框架了：

"我还剩5分钟了，所以没办法为大家逐一介绍我另外37位斯普林希尔的朋友了。过去几周，我住在那里的一家小旅馆，就位于主干道和第19街的交界处。在此期间，我在城外的一块泥土地上踢过足球，并认识了乔。所以我非常肯定地告诉大家，这个社区的人都很好，如果我们对他们公平，支持他们的发展，他们也会对我们的建设给予支持。"

此时，在场的人的情绪达到了顶点。

西蒙·杰弗里斯再也按捺不住了。他在座位上前倾着身子，都快要离开他的座椅了。他问道："你住在哪儿来着？这些人你都认识？"原本这是一次再正式不过的推销，现在却变成了随意的交谈。"他们都是你的朋友吗？你知道他们的名字吗？"

"他们的名字我都记得一清二楚，"我说，"并且他们每个人都对这个项目有自己的看法。这就是我们的规划里有一个体育公园的原因，就是为了把乔和其他社区居民深爱的足球场还给他们。我们还希望在此基础上增加一个青少年运动中心。有了10亿美元，这个项目的资金其实很充裕，我们能够负担得起这些规划。我们完全可以自己承担这笔费用。计划如下。"

我打开了另一张海报。现在这次推销变成了富有趣味的表演。

"你确定要做这些事情吗？"杰弗里斯问道。

"我们怎么能不做呢？"我说，"我们不能光从社区索取价值，也要赋予社区价值。"

根据获取地位的原则，我现在需要重新分配我手上的主导地位和框架控制权。

"有了重建这个极具历史意义的足球场的计划，整个项目的规划就完整了。这不仅仅是我的设想，也是实实在在的计划。我们已经评估了工程细节，我希望这个计划能够成为我们的机场发展规划的一部分。5分钟前，我把这个计划发到了各位的邮箱中。不管你们是否选择我们，我们都希望能够重建足球场。"

我打开了最后一张海报，画面上一架漂亮的飞机飞过，地上的孩子们在球场上尽情嬉戏，自豪的社区居民张开双臂相拥在一起。这个画面极具视觉冲击力，点燃了决策委员会成员的认知热度。在总结陈词中，我把所有技巧都放在了一起：时间框架、重视框架、亮点呈现、道德框架、推远、拉近、创造渴望和紧张的感觉。这是一场框架碰撞的烟火大会：

"委员会的各位，比讨厌某个想法更糟糕的是你仅对某个想法抱有'喜欢'的态度。当你只是'喜欢'某个想法时，这意味着你对它还没有十足的把握。想象一下，让你和一个你仅仅是"喜欢"的人结婚，你应该会报以冷淡的态度。如果我是委员会的一员，对我来说什么才是重要的？我可能会想，如果我不喜欢'美国传奇'这一概念，那么我最好现在就把这些家伙赶出去。

"如果是这样，那我并不介意，因为这是正确的选择。同样，如果你们只是'喜欢'我们，那么你们也得把我们赶出去。我完全同意。因为如果你们不喜欢我们的设想，我们也不会愿意让合作继续下去。我们坚信自己的理念是有价值的。

"当我们在这里讨论机场建设的问题时，戴维斯机场航站楼外墙上的油漆正在剥落，旧瞭望台的木地板正在腐烂，原有的社区公园早就已经被填平。戴维斯机场的每个角落都在暴露年久失修和规划疏漏的问题。这个地方不管从哪个方面看，似乎都在被时代抛弃。

"但它不应该被抛弃。太平洋战争的战火从这里燃起，轰炸机中队在这里执行过无数次任务。多少热血男儿从这片土地上起飞升空，为我们的国家而战。对一些人来说，这里就是他们触摸的最后一块美国土地。

"如果你们看好'美国传奇'的理念，如果你们希望乔·拉米雷斯的孩子能够在这片土地上收获快乐的童年，如果你们想在后世人眼中成为传奇的一部分，那么我们团队便是你们正确的选择，因为我们比其他任何人都更清楚该如何打造这一传奇故事。我们并非只是为你们做事，这件事得我们双方通力合作。如果你们觉得时机合适，欢迎你们到我们的办公室来，我们可以详聊一下如何完成这一系列事业。"

整个重视框架可以总结成一个词：抽离。在这个关键时刻，当委员会成员预期我会对他们乘胜追击的时候，我选择了抽离。

我记得《美国空军训练手册》上有一条忠告："直接穿过你刚刚轰炸过的空域是不明智的。"按照这个建议，现在是时候抽离了。

在我以往的推销经历中，我发现人们不会按你说的去做。他们必须感到他们有足够的自由意志去做决定。其实，如果你不给他们创造出一种基础的、不可撼动的情绪氛围，他们甚至不知道该做什么。如果没有多巴胺和去甲肾上腺素的刺激，让他们产生渴望和紧张的感觉，他们就不会将你的推销内容留在他们的记忆中。

在那一刻，在场的所有人都有这种感觉：格林伯格的6人团队（加上7名顾问）很有机会战胜业界最大、最强的公司。我在市场一片萧条的情况下，打造了一场颇有效果的推销。就是在那时，我意识到这是我推销生涯中最令人激动的20分钟。

竞争对手的反击

下一位宣讲者是蒂莫西·钱斯，正如我所料，他的宣讲十分光鲜、熟练，并且中规中矩。他一开始就对戈德哈默公司近年来运作过的大项目进行长篇大论，还有他们拥有多么强大的能力和多么高的声誉。他名片上的公司商标举世闻名，而他正尽最大的努力利用好公司的背景优势。

会议室里出现了一段很好笑的小插曲：当蒂姆在讲开场白的时候，他的团队正笨拙地摆弄他们的笔记本电脑，想把电脑连接上会议室的投影仪。虽然这种情况我也遇到过，但我仍觉得好笑。这么重要的一次推销，他们怎么能这样白白浪费5分钟呢？我花了两天时间才把我的宣讲缩短了3分钟。我的疑问很快便有了答案。当他的幻灯片被投影到屏幕上的时候，在场的几个人，包括我，都注意到了屏幕右下角的小数字：42。天哪！他要讲42张幻灯片。这得花上好一会儿了。

在回顾了戈德哈默公司所有的优点——尽管这都是我们早已熟知的信息——后，钱斯开始对当前的市场状况进行冗长而详细的论述。我能感觉到会议室里的气氛十分冰冷，他在屏幕上呈现的信息让我们的大脑进入深度冻结状态。虽然他在台上的所言所行都没有太大问题，但他谈论的是数据，而不是真正有意义的东西：为什么是现在？怎么做？还有关键的执行方法。

钱斯在用大企业常常会用的经验主义方法。他们的公司规模庞大，业绩卓著，他们认为这意味着他们也有足够的能力，因此他们通常不会直接谈论如何实现目标。他们相信听众会认为他们"能做到"。但真的会成功吗？我们非常怀疑。在大公司，像钱斯这样的人只管为公司拓展业务，从而获得酬劳，而不一定要对业务的执行效果负责。

我们每个团队都有1个小时的时间进行宣讲，但令人难以置信的是，钱斯把能用的时间都用尽了。在天花乱坠地讲了40分钟金融术语之后，他已经让我陷入昏迷状态了。钱斯是他们团队中唯一的发言人，他带领着听众把每页幻灯片都仔细过了一遍，这对他可没有任何帮助，但对我来说却是好事。

接下来是伦敦来的团队，幸好他们并没有讲足一个小时。相反，他们的宣讲是欧式的高效风格——干净、整洁，注重金融模式的讲解。这个团队也有他们的"惊喜因素"，那就是他们用三维动画演示了他们从前做过的航空项目。我对此深刻印象。他们在航空管理方面的经验是最丰富的。

但和戈德哈默的团队一样，伦敦来的团队最终还是掉入了很多推销人员都会掉入的陷阱：深入探讨复杂的财务数据。在他们谈论自己如何管理项目时，我们很明显能看出他们把这个项目当成了一项毫无感情投入的业务——和他们做过的其他航空建设项目没有任何区别。如果他们竞标成功，他们就会套用他们以往的模式跟进这个项目。他们对机场所在的社区毫无兴趣，也对机场将会带来的经济影响漠不关心。他们只关注项目执行——他们能多快开启项目、完成项目，然后就离开。

我对他们的自信印象深刻，不禁觉得这个项目他们势在必得，而且可以做得很出色。这些家伙很容易就能成功推销自己。

在完成了一场精彩的欧式推销——充满磁性的声线、浓重的牛津口音以及灿烂的笑容——之后，他们的最后一句话是："如果能承接这个享有盛誉的项目，我们将感到十分自豪。非常期待你们的最终决定。"

从属角色陷阱！在完成了前面如此精彩的推销后，这个表现渴求感的结尾就是一步错棋。西蒙·杰弗里斯走到台前做了最后的发言。他是个老手了，他用亲切的口吻感谢了各个团队的发言，表示他将主持为期一周的审议过程，然后迅速结束了当天的会面。

评判的时刻

当能做的都做完之后，我坐在格林伯格位于洛杉矶的办公室里，向窗外望去。和我一起等电话的还有另外5个人。与此同时，我推测杰弗里斯正和他的委员会成员聚在一起讨论最后的细节。

当我看着窗外的时候，我回想起过去几个月的准备工作，回想起那一天的推销，以及它给我带来的影响。我把两个月的努力浓缩成了一次简洁优雅的20分52秒的推销宣讲，而现在一切的结果就要看这个电话了。电话响了。我在会议桌旁坐下，听着杰弗里斯的声音。

杰弗里斯说："如果你现在去戴维斯机场看看，就像你对我说的那样，航站楼外墙上的油漆正在剥落，旧瞭望台的木地板正在腐烂。包括这条最重要的跑道在内，所有的设施都破败了。谁会愿意把飞机降落在这里？谁会愿意在这里中转检修？谁又会愿意在这里举行会议？没有人会这样做。"这有点夸张了，而我们只想知道他的最终选择。

"这就是我对建设新的戴维斯机场充满热情的原因，我非常想建造新的机场入口以及配套的新设施。我想把它建设成世界上最棒的私人机场。但要做到这一点，我必须挑选合适的执行团队。格林伯格的团队在上周的竞标中表现非常出色。虽然有些事情我觉得你们理解得还不太到位，但我们真的很喜欢你们的想法。这是一个艰难的决定，当然，我们只能选出一个优胜团队……"

杰弗里斯沉默了很长时间，然后他清了清嗓子，终于说出了那句话："祝贺你们！"

办公室里爆发出一阵欢呼。

对我来说，从沙漠回到城市的这段旅程已经结束，我的这套推销方法也得到了验证。如今它不再是我个人的推销心得，它和我办公室里的几千张名片也没有关系。它不是堆砌出来的学术概念或理论，也不是长长的必做和禁忌清单。就像微积分能让人解决数学问题，或是土木工程技术能让人建造桥梁一样，我的"STRONG"方法可以帮人推销，特别是在风险很高的情况下，它确实能发挥实质性的作用。

第八章
游戏心态

用我的方法，你实际上是在将鳄鱼脑引入一个游戏，你是在邀请对方和你一起参与游戏。对参与进来的人来说，这个游戏非常新奇而有趣，因为它确实是这样的。

成为框架控制高手能让你更加放松心态，也能让别人将你视为一个明智而可信任的领导者。即便那时你没有刻意使用框架控制，在别人眼里，你的社交价值也是更高的。

想要学习管理社交行为，不能只靠直觉。10年前，我经常发现自己处于从属角色地位，而且只能对这种较低的社交地位认命，完全不懂得控制框架。我那时甚至对框架是什么都一无所知。我也无法平静地向你解释为什么我不喜欢——甚至憎恨——传统的推销技巧。

我只知道我想要什么——一种不需要费尽心思地讨好客户的推销方法。不要用软磨硬泡的方式对待客户，这会让对方事后后悔答应和你做生意。我不想一直处于从属角色地位，或是用咄咄逼人的方式对待客户，这会带来焦虑和恐惧。

这些都不在我的推销方法论里，原因很简单：你并不能逼迫客户——你得遵循社交活动的基本规则来与人进行交流和互动。

多年来，我在全国甚至世界范围内践行我的这些方法。我发现，全世界的人的鳄鱼脑都一样，对信息的处理方式都不相同：

·忽略无聊的事情。

·遇到看似危险的状况，就触发反抗或逃跑反应。

·面对复杂的事物，就进行概括（导致信息丢失），然后把严重失真的信息传递给新皮层。

用我的方法，你实际上是在将鳄鱼脑引入一个游戏，你是在邀请对方和你一起参与游戏。对参与进来的人来说，这个游戏非常新奇而有趣，因为它确实是这样的。我不逼迫人们，也不对人施加压力，而是用基于框架的互动来刺激人们的感官，让人们参与其中，从而使推销成为一种更具互动性的活动。在机械和充满套路的世界里，这套方法能让你与众不同。

我自己研究这套方法，花了10,000多个小时反复试错（感谢那些耐心和宽容的客户），最终把它完善起来。一开始，因为缺乏经验，我错失了一些重要的项目。当时我其实应该和一个伙伴或一个团队一起完成这套方法的搭建，可只要我谈起这套方法，大家就开始畏惧和拒绝。大多数人都认为它很混乱，不可预测，因为我当时还没有建立起完整的模型。如今，这套方法已经成形，可预测性很强。框架控制不是难事，你可以随时随地获取场景权威。

从最基本的认知层面来说，我所谈论的框架到底是什么？框架是一种心理上的参照系，大家都会用框架来获得对问题的看法，认识事物之间的相关性。框架会影响人的判断，会改变人的行为的意义。举个例子，当某个朋友迅速闭上又睁开眼睛时，我们对此会有不同的反应，这取决于我们认为这是一种生理性的框架（她在眨眼）还是社交性的框架（她在使眼色）。想想撞击、猛烈、相撞、粉碎等词语，它们其实是在告诉你一场车祸的严重程度。框架塑造了每一场社交互动的潜在意义。

这是真的。举例来说，当我们演讲、开会或推销的时候，我们不可能把所有想讲的信息直接塞进听众的大脑。你不能把信息直接扔到客户或潜在投资人的面前，然后说："来，麻烦看看这些资料，自己找找想要什么吧。"他们消化不了这么多信息，即使能够消化，也不一定会把这么多时间留给你。这是你要考虑的问题：推销什么，如何推销。这不像解决数学或工程问题，信息越多越好。关键在于弄清楚哪些信息需要拿出来呈现——你的信息中哪些部分会触发新皮层的冷静思考,哪些部分会让鳄鱼脑处于活跃状态。

这便是框架控制如此重要的根本原因。它的作用是过滤信息,赋予信息以意义,让你和目标对象之间搭起一座理解的桥梁。通常为了简化问题,我们会把重点放在一种解释上。在这个过程中,框架构建出了一种观点。

当你设定了正确的框架之后,你就能够控制议程。这很重要,因为同一事物可以从许多不同的视角去理解。控制框架便是控制视角,要让别人从你选定的视角去理解事物。框架可以让人们从特定的角度去理解你的推销内容,同时避免人们产生其他的理解角度。

例如,在1984年的总统大选中,罗纳德·里根(Ronald Reagan)的年龄过大成了大家关注的焦点。在与沃尔特·蒙代尔(Walter Mondale)的总统辩论中,里根说:"我不会把年龄作为这次竞选的一个重点。我不会为了政治目的而利用对手的稚嫩和经验不足。"

从某种意义上说,这便是一个很好的框架控制案例。里根改变了这个场景的潜在意义,掌握了主导角色地位,建立起了一个无懈可击的观点。这个例子还给了我们第二个重要启示,这也是从社交活动中收获的重要心得:幽默、有趣和轻松愉快的表达对所有推销来说都不可或缺。

在第一章中我就说了,我搞清楚了大家在推销时会犯的基本错误。我们有高度进化的新皮层,里面堆满了细节和抽象的概念,它试图去说服鳄鱼脑,可是鳄鱼脑非常容易焦虑,只能接收简单、清晰、直接和不具威胁性的信息。所以我们需要说服对方的鳄鱼脑,让它按照我们的喜好做决定。这种认识让我逐渐完善了构建框架的方法。

在这本书的一开始，我就为你提供了参与社交活动的两个重要原则。一是结构上的，你必须为鳄鱼脑包装自己想传达的信息，让其产生认知热度。换句话说，你得避免让新脑皮层来做冷静分析。反之，你要用视觉冲击力强的、带有情感刺激的事物来不断激发目标对象的认知热度，从而让他产生渴望的感觉。

二是程序上的，你必须时刻警惕对方的框架攻击，然后用更好、更强势的框架来迎接挑战。接着，你要利用些许拒绝和反抗加强你对框架的控制。

但是现在，我相信成功的框架控制还有第三个重要原则，那就是保持幽默感和乐趣感。你要建立起主导角色地位，然后张弛有度地维持社交氛围。

当然，拒绝和反抗的目的是重构社交关系以及获得重视，你在向对方表明：不是你在求他们合作，而是他们要争取与你合作；你的时间比他们的更有价值。在这种情况下，如果他们想把你置于从属地位，你随时可以退出不干。你不会甘居从属地位。但你在做这些事的时候，你同样需要表现得幽默。

你要注意，幽默不是用来缓解紧张气氛的。相反，幽默是为了表明尽管紧张的氛围真实存在，但你仍然可以轻松地处理整件事。或许这样想更合适：随时有其他选择的人不会太紧张，他们也不会太严肃地对待他们自己。

同时，框架控制也是一种游戏，你可以邀请其他人加入。如果你从一位框架控制高手那里夺走权威框架，然后他又对你进行回击，把框架抢了回去，这个游戏是不是充满挑战？如果你和框架控制高手交流，他们会告诉你，成功的秘诀是用有趣的方式制造紧张感，从而吸引人们加入你的框架争夺游戏。

我之所以提到这一点，是因为有很多买家、客户和投资人会对你施加权威框架。这很常见。请不要担心，这个框架很容易被打破，你可以用反权威框架、亮点框架、重视框架和时间框架来应对。

尽管权威框架很容易被打破、吸收和控制，但鉴于一般人不会主动反抗权威框架，所以目标对象会对你的这一挑战感到措手不及。这时请不要得寸进尺，而要见好就收。按照目标对象以往的经验，大多数推销人员都会屈从于他们心血来潮的想法和命令：我们在这个地方（往往并不方便）见面；你要在这里等我；立刻做好给我；不，等等，不要做了；要这样做；再给我一些资料；等等。一旦他们遇到像你这样不屈从于这些奇怪要求的人，他们就会开始注意你，心想："这个人真有意思。他不会像其他人那样，为了讨好我而无视自己。这究竟是为什么呢？"

认识到框架控制和获取地位的力量是一回事，但真正将这套方法落实又是另一回事。想成为框架控制高手并不容易。这需要你不断思考，投入心血和精力，但回报是丰厚的。好消息是，学习框架控制的过程从一开始就充满趣味，如果你能正确使用框架的话，这种趣味会一直保持下去。其实，如果你发现自己在使用框架的过程中从来没有感到过有趣，那就一定是出了什么问题。这时请你找一个了解框架理论的同事或朋友，让他帮你对事情进行反思，找出问题所在。我已经这样反思过很多次，过程着实让人难受，但除此之外，还有其他办法吗？难道要我回到人们习惯的那种方式上，去做"客户访谈"或者"试探成交"吗？

学会运用框架还有一个不那么明显，但是会给你的人生带来巨变的好处。随着时间的推移，你会发现运用框架能显著提高你的工作和生活效率。因为当你构建起足够强势的框架时，它能帮助你有选择地忽略与你的目标无关的事情，让你专注在重要的事情上。

当你处于社交场合时，框架能让你自然而然地专注在最关键的人际关系上，让你避免被一些不重要的事情干扰和拖累。弱势框架和不重要的细节会被强势框架清除出去。因为框架的指引，你的辨别、判断、决策和行动能力将会大大提升。

在这本书中，我讲了许多构建框架和获取地位的方法。但实践才能出真知。这本书能够在一段时间内作为你的行动指南，但当你掌握方法以后，你就可以把这本书扔掉了。你的技巧应更多地来自实践，你不能像办公室文员那样，从互联网上获取技能。我相信，如果你可以和其他同事或朋友一起学习这些技巧，那么效果将会更好，因为控制社交行为不能只靠直觉。

幸运的是，学习框架控制对大多数人来说并不难，尤其是那些能够遵循下面的行动方案，有幽默感，生活态度积极的人。如果你是这种人，那么你便可以轻松地开始学习了。

着手学习

当有人想从我这里学习控制框架和社交行为的各种方法论时，我都会在一开始的时候告诉他们：基于框架的社交行为并不是温和的。使用老套的商业话术通常都会被客户预料到，效率极低。而使用我的这套方法，你要做的是控制客户大脑的思维和原始反应。你不仅要在意识层面与对方进行沟通，同时还要与他们的潜意识保持密切交流。如果你没有做对，比如在推销过程中缺乏幽默感，不够镇定和优雅，我保证他们会叫保安来把你轰出去。我不想收到你的抱怨邮件，告诉我你因此丢了工作，所以请听好我的建议。

下面便是掌握框架思维的步骤：

第一步：学习识别并绕开从属角色陷阱。这是一种低风险的方法，你可以从中训练用框架思维看待事物。当你处理事情的时候，请先辨别从属角色陷阱，找出所有被设计出来控制你的事物，并思考如何绕过它们。这个阶段的关键是学会发现这些陷阱（它们无处不在）。

虽然什么都不做并不会带来不良影响，但从你被告知要在大堂等负责人的电话开始，对你的考验也就开始了。请提醒自己，如果陷入这个陷阱，那么接下来要面对的事情就会更困难，更不好应付。

第二步：逐渐地，你要开始学会避开从属角色陷阱。当然，一开始你可能会觉得不舒服，但这项练习能够把你引入一种新的状态，让你在不知不觉中变得敏锐，变得自然。你可以与朋友一起练习避开从属角色陷阱。

正如我在本书开头所说的，这套方法的强大之处就在于它非常简单。我已经使用这套方法超过10年了，我只用了4个基本框架以及避开从属角色陷阱的技巧，就能在职场上存活并取得成功。所以不要把问题复杂化，也不要担心自己缺乏技巧，终有一天你会得心应手。一定要享受这一过程——这是成功的秘诀。

第三步：识别并记下社交过程中的框架。注意你在生活中遇到的各种框架。权威框架、时间框架以及分析框架随处可见，每天你都会遇到它们。所以请培养识别框架的能力，描述出这些框架，和朋友讨论这些框架。运用框架体系特定的语言来辨认这些框架。

第四步：试着与相对安全的目标对象（那些对你的职业生涯没有重大威胁的人）进行框架较量。我的意思是，千万不要第二天一大早就大步走进CEO的办公室，抢走他手里的三明治，然后把脚放在他的桌子上，跟他聊发奖金的事。

与朋友相互练习，用有趣、轻松的方式进行框架较量。我反复强调这一点，是因为幽默真的很重要。记住，幽默和轻松的交谈方式是必要的。否则，你就会显得粗鲁傲慢，不仅无法让目标对象和你进行有趣的、积极的交流，还会触发其鳄鱼脑的防御反应。

第五步：用来控制社交框架的轻微拒绝和反抗行为会导致一定的冲突和紧张。这就是框架控制的重点。温和地推远或拉近你和目标对象之间的距离，可以让对方的鳄鱼脑放松下来，让它觉得一切正常，没有明显的危险。如果你在这个阶段感到无法推进，那是因为你触发了对方鳄鱼脑的防御反应，也就是说此时你太强势了。遇到这种情况，请暂停你的攻势。如果你觉得继续推进很困难，那就不要继续推进了，因为这意味着有些地方出了问题。你可以另找一个朋友来练习，另挑一个交谈的环境，或者在另一个场景中再试一次，总之就是"重置"一下再来一遍。

第六步：你不能强行对人施加框架控制，因为这样做会让乐趣消失。社交活动不是马戏表演，它是关系到你个人的愉悦感的游戏——你可以想一想我们为什么要玩这个游戏，因为我们乐在其中，享受着用具有挑战性却对双方都很公平的方式赢得胜利。

如果你发现自己用力过猛，也不用太担心，这个问题可以得到解决。请稍微放松一些。当你说了什么会引发框架冲突的话时，只要报以真诚的眼神和发自内心的笑容就可以了。这样做，目标对象就会感受到你的善意和幽默，并对你报以积极的回应。

最重要的是，请牢记这不是另一种传统的推销技巧。你不需要为了赢得客户的认可而做一个狡猾、功利的人。你不需要对客户施加压力，也不需要强迫客户，让对方产生焦虑。相反，这是一场你为客户提供的有趣游戏。只要你能享受推销的过程，别人自然会跟着你一起享受。你的快乐心态能够帮助你成功。还有什么比这更容易的呢？

第七步：与其他框架控制高手合作。现在你已经掌握了基本技巧，是时候寻找比你更厉害的人了。与提升审美或竞技能力一样，师从他人比独自摸索更容易让你获得成功。同时，请继续和朋友一起学习。就像跆拳道的黑带十段高手也要继续提升自己的水平一样，框架控制技巧的磨炼是永无止境的。但请让你的思路保持简单，最好只用少数几个对你有用的框架，避免将事情复杂化。

当你成为框架控制高手时——或者在成为高手的过程中——你将会获得前所未有的快乐。我有时会在推销过程中笑出来，即便这个项目可能价值百万美元。为什么不可以呢？这是一个游戏，你的目的是在不让目标对象产生不适感的前提下维持你的优势地位。你可以设定规则，当然也可以根据需要改变规则。你可以好好想一想这一点。

推销时你要坚持的唯一原则是，制定其他人都要遵守的规则。你设定了议程并控制了框架，因此这个游戏你不会输。这怎么会没有乐趣呢？

在学习这套方法的过程中，我遇到的一大困难在于没法用共同语言与别人讨论这些方法。我不可以直接说："注意！这是一个权威框架。我们要用道德权威框架和反权威框架来赢得这次框架碰撞的胜利。"我只能用很长的篇幅来解释当时的情形，但在这个过程中，机会已经悄悄溜走了。因此，学习和使用框架控制的通用语言就非常重要了。日后，你和你的团队成员或者合作伙伴沟通时，应该是这样的：

"这些人从大堂一直到会议室都设置了许多从属角色陷阱。你必须构建时间框架，并且准备撤离。他们会用权威框架反击。这时你要用重视框架来应对，再通过几次推远/拉近策略堆叠框架。"

或者，"这是一个分析框架，我们需要构建亮点框架，获取场景权威，然后抽离。"

这本书为你提供了一套通用词汇，可以帮助你加深对框架控制的理解，将框架思维融入你的思维习惯。下面是你需要掌握的一些重要概念：

- 框架控制；
- 反权威框架；
- 框架碰撞；
- 自我重视；
- 从属角色陷阱；
- 获取地位；
- 场景权威；
- 推远/拉近；
- 领导角色；
- 认知热度；
- 鳄鱼脑；
- 新皮层。

这些概念揭示了一些社交现象，这些现象对别人和曾经的你来说是无形的。

　　随着你在生活和事业上不断进步，你所要面临的挑战和所要承担的责任也会越来越大。成为框架控制高手能让你更加放松心态，也能让别人将你视为一个明智而可信任的领导者。即便那时你没有刻意使用框架控制，在别人眼里，你的社交价值也是更高的。

　　当别人通过你的框架来审视局势和机会时，你们之间的交流就会畅通无阻。在通常情况下，别人都会更愿意把时间花在自己认同的人身上，这就是他们对你的感觉。

　　因此，请你继续努力，抓住机会练习框架控制，并享受框架控制的乐趣。最后，祝你能用框架思维取得成功。我希望它可以为你我创造更高的价值。在我的网站pitchanything.net上，你可以学习更多关于框架控制的知识。

著作权合同登记号：图字18–2021–307

图书在版编目（CIP）数据

说服的艺术 /（美）奥伦·克拉夫著；李佳蔚译
. –– 长沙：湖南文艺出版社，2022.4
书名原文：Pitch Anything
ISBN 978–7–5726–0535–2

Ⅰ. ①说… Ⅱ. ①奥… ②李… Ⅲ. ①说服—语言艺
术—通俗读物 Ⅳ. ①H019–49

中国版本图书馆 CIP 数据核字（2022）第 011538 号

上架建议：沟通·人际交往

SHUOFU DE YISHU
说服的艺术

作　　者：	［美］奥伦·克拉夫	
译　　者：	李佳蔚	
出 版 人：	曾赛丰	
责任编辑：	匡杨乐	
监　　制：	于向勇	
策划编辑：	王远哲	
文案编辑：	罗　钦	
营销编辑：	段海洋	
版权支持：	刘子一	
封面设计：	尚燕平	
版式设计：	潘雪琴	
出　　版：	湖南文艺出版社	
	（长沙市雨花区东二环一段 508 号　邮编：410014）	
网　　址：	www.hnwy.net	
印　　刷：	三河市中晟雅豪印务有限公司	
经　　销：	新华书店	
开　　本：	700mm×1000mm　1/16	
字　　数：	249 千字	
印　　张：	14.75	
版　　次：	2022 年 4 月第 1 版	
印　　次：	2022 年 4 月第 1 次印刷	
书　　号：	ISBN 978–7–5726–0535–2	
定　　价：	48.00 元	

若有质量问题，请致电质量监督电话：010–59096394
团购电话：010–59320018